불세례

불세례

첫판 1쇄 2021년 1월 20일
첫판 2쇄 2021년 11월 1일

지은이 전두승
발행인 전두승
디자인 한영애
교　정 김은옥
펴낸곳 하리운출판사

출판등록 제386-251002019000024호

주소 경기도 부천시 소사본동 216-6
홈페이지 www.hariun.com
유튜브 하리운 TV
전자우편 globaldm2030@yahoo.com

ISBN 979-11-972876-1-9 03230

이 도서의 국립중앙도서관 출판예정도서목록(CIP)은 서지정보유통지원시스템 홈페이지(seoji.nl.go.kr)와 국가자료공동목록시스템(www.nl.go.kr/kolisnet)에서 이용하실 수 있습니다(CIP제어번호: 2020055486).

불세례

불같은 성령세례와 다른 불세례

정결하게 하는 불,
영광을 가져오는 불이다.
불은 반드시 올 것이다!

전두승 지음

하리운

서문

　나는 고등학교 졸업반이던 12월 겨울 방학 때 성령세례를 받았다. 불이 머리에서부터 온몸을 관통하면서 방언이 터졌다. 그러나 49세가 될 때까지 33년간 나를 극복하지 못하였고, 이스라엘 백성처럼 애굽에서 해방되었어도 성령에 충만하지 못해서 광야를 벗어나지 못했다.

　그렇게 목사가 되고, 선교사로 사역하고, 신학교에서 강의를 했지만, 믿음생활의 기본인 평안이 없었다. 기쁨도 감사도 없었다. 오히려 모르는 실체 앞에서 항상 근심하고 걱정하였다. 그야말로 바울 사도가 "오호라 나는 곤고한 사람이로다 이 사망의 몸에서 누가 나를 건져내랴"(롬 7:24)라고 외쳤던 것처럼 대놓고 죄를 짓지는 못하지만, 육신의 정욕, 안목의 정욕, 이생의 자랑을 극복하지 못하는 내 자신에게 실망하고 있었다. 종종 낙심과 하나님을 향한 막연한 원망의 마음을 떨쳐버리지 못하고 힘들게 신앙생활을 했다. 불같은 성령세례를 받았어도 육신과 혼에 속한 생각을 버리지 못하고 죄와 사망의 법에서 완전히 해방되지 못했기 때문이다(롬 8:2). 항상 무언가 부족한 것처럼 여겨졌고, 내 안에 채워지지 않은 영적 욕구가 늘 있었다.

그러나 이제는 아니다. 정결하게 하고 영광 안으로 들어가는 불세례를 받았기 때문이다. 생명의 성령의 법이 죄와 사망의 법에서 나를 해방하였다(롬 8:2). 영을 좇는 자가 되어 생명과 평안을 누린다(롬 8:6). 영으로 인도받는 하나님의 아들이 되었다(롬 8:14). 불같은 성령세례와는 다른 나를 사르고 정결하게 하는 불세례가 죄를 버리게 했다. 주님의 말씀을 지켜 행하고 그분을 진정으로 사랑하는 것이 가능하도록 했다. 신을 벗고 거룩한 곳에 서는 의미가 무엇인지 알게 되었다. 나아가서 주님과의 연합의 기쁨이 세상 무엇과도 바꿀 수 없음을 알게 되었다.

이제 평안은 기본이고 항상 감사와 기쁨이 있다. 내가 굴복되고 정결하게 하는 불세례를 받았기 때문이다. 불로 태워지고 살라져 하나님의 아름다운 영광을 체험하였기 때문이다(사 35:2). 성소의 영역인 기름 부으심을 넘어 지성소의 영역인 영광으로 옮겨 들어 갔기 때문이다.

성령받았어도 기름 부으심은 채워지지 않아 부족함을 느꼈지만, 정결하게 하는 불세례를 받고 영광의 영역으로 옮겨진 후에는 부족함이 없다. 내 잔이 넘치기 때문이다(시 23:5). 그리고 그 불이 하나님과 교통하는 통로가 되어 꿈과 환상이 양동이의 물처럼 부어지듯 하고, 하나님의 음성이 들려 나를 교정하고 가르치고 마지막 부흥에 대한 장래 일을 계시하셨다. 그래서 지금까지 올 수 있었다. 불세례와 영광을 체험한 지 14년이 되는 2020년 1월 1일에 하나님께서 말씀하셨다. "지금까지가 준비였다. 거룩이 표준이기에 그렇다. 사람을 사랑해야만 한다. 통로가 되는 것이다."

성경이 약속하는 주님 재림의 때에 올 전 세계적 대부흥은 물이 바다를 덮음 같이 여호와의 영광이 세상에 가득한 것이다. 그 영광의 통로가 되는 것이다. 불은 나를 죽이는 것이다. 불은 화염검을 든 두 천사가 지키고 있는 에덴동산, 즉 영광의 영역으로 들어가는 열쇠이다. 휘장을 넘어 지성소, 영광의 거처 하나님의 보좌로 나아가는 통로이다. "불은 올 것이다"라고 주님은 분명히 말씀하셨다.

2021년 1월 1일 로스앤젤레스에서

전두승 목사

차례

1부

불세례의 시작

무너져 내리다

2005년 8월 17일, 나는 '풀썩!' 무너져 내렸다. 주저앉은 것이
아니었다. 내려놓은 것도 아니었다. 더 내려놓은 것도 아니었다.
다 내려놓은 것도 아니었다. 건물에 설치된 폭탄이 폭발하듯이 위
로부터 아래까지 나의 생애 51층이 한순간에 폭삭 무너져 내렸다.
아무도 보지 않았고 의식하지도 않았지만, 그렇게도 지키려고 발
버둥 쳤던 내 마지막 자존심까지 한순간에 내려앉았다. 하루에 한
끼만 먹으며 내 뜻을 위해 입을 벌리거나 생각으로도 기도하지 않
기로 결심한 44일 동안에도 그 알량한 자존심은 나를 괴롭혔다.

2005년 5월 31일 새벽 3시 주님께서 깨우셨다. 그리고 벽시계
에서 내 이마 중앙에 "네가 믿으면 하나님의 영광을 보리라"는 음
성이 레이저 광선처럼 쏘아졌다. 박사 학위를 마치고 신학교 교수

초빙을 받았지만, 하나님께서 그 길을 막으신 지 2년이 지났을 무렵에 처음으로 들려온 뚜렷한 하나님의 음성이었다.

하나님의 뜻을 알기 위해 밤낮으로 아무것도 하지 않고 무작정 카펫 위에 앉아 있던 풀러 신학교 부근 윌리엄 케리 선교 센터의 조그만 사무실에서도 자존심은 날카롭게 나를 상처 내고 있었다. 문 틈 사이로 사람들이 지나가는 발소리와 말소리가 들렸다. 갑자기 거지 나사로가 부잣집 대문 앞에 앉아 있는 것 같은 생각이 들었다. 머리카락도 자르지 않고 고등학교 2학년 때부터 나기 시작한 새치는 염색도 하지 않았다. '아, 내가 부자 나라에 와서 거지같이 왜 이곳에 앉아 있지?' 나 자신이 한없이 처량하고 초라하게 느껴졌다.

그런데 그 순간 스치듯이 "네가 믿으면 하나님의 영광을 보리라"는 음성이 거지 나사로가 아니라 죽은 지 나흘 된 나사로의 누이 마르다에게 주님이 하신 말씀이라는 것이 깨달아졌다. 큰 집 한 채가 머리 위에 내려앉은 것 같은 무거움과 뜨거움이 나를 삽시간에 무너져 내리게 했다. 온몸 어느 세포도 반응하지 않는 듯, 죽은 듯이 엎드려졌다. 얼굴이 뜨거워지고 엄청난 눈물과 콧물이 쏟아져 나왔다. 모든 땀구멍에서 물이란 물은 한꺼번에 다 빠져나오는 것 같았다. 스팀 사우나를 한 것보다 강도가 10배는 더 세서 푹 삶아져 다 풀어진 느낌이었다.

다음날 힘이 다 빠진 상태에서 가만히 눈을 감고 하염없이 앉아 있었다. 사무실 왼쪽 천장 모서리에서 '핑'하며 총알이 날아와 내 오른쪽 무릎을 맞췄다. '딱'하는 소리가 났다. 이것이 6개월 동안 밤낮으로 온몸과 피부와 근육과 핏줄을 태우고 마지막으로 뼛속에 머문 하나님의 불세례의 시작이었다.

그런지도 14년이 지난 지금 이 글을 쓰고 있다. 33년 전 18세 때, 거제도 기도원에서 받은 불같은 성령세례와는 다른 "성령과 불로 세례를 줄 것이라"(마 3:11)는 말씀이 정결하게 하는 불세례라는 것을 알게 되었다.

짓눌려지다

어떤 무거운 것이 나를 짓눌러버린 것 같았다. 이사야서 6장에 나타난 이사야 선지자가 말한 하나님의 보좌가 내려온 것 같았다. 온종일 울었던 다음날 낮에 얼굴이 뜨거워지고 오른쪽 무릎에 처음 불이 떨어지자 뜨거움을 느꼈다. 손끝에 전류가 흘렀다. 그날 이후로 오른쪽 무릎이 간혹 온종일 뜨거웠다. 어깨와 가슴도 그러했다. 오른쪽 눈꺼풀이 깜짝깜짝 뜨거웠다. 불이 점점 더 뜨거워지면서 다소 불편하고 따끔따끔 아프기까지 했지만, 하나님을 사모하게 되었다. 하나님께로 가까이 인도하는 것 같았다. 하나님과의 친밀함, 그분과의 연합으로 이끄시는 것 같았다.

마음과 생각 그리고 영으로 찬미하며 기도하였다. 운전 중에도 방언으로 기도하였다. 그러면 성령의 감동이 왔다. 이것을 즐겨야한다. 과정이 결과보다 중요하다. 결과는 존재에서 비롯되는 것이다. 열매는 하나님과의 관계에서 자연적으로 파생되는 것이다. 주님께서 요한복음 15장에서 가지가 나무에 붙어 있으면 많은 열매를 맺는다고 하셨다.

내 안에 거하라 나도 너희 안에 거하리라 가지가 포도나무에 붙어 있지 아니하면 스스로 열매를 맺을 수 없음 같이 너희도 내 안에 있지 아니하면 그러하리라 나는 포도나무요 너희는 가지라 그가 내 안에, 내가 그 안에 거하면 사람이 열매를 많이 맺나니 나를 떠나서는 너희가 아무것도 할 수 없음이라(요 15:4-5).

나는 일주일 후에 외국 집회에 참여할 계획이 있었다. 당시 전 세계적으로 강력하게 쓰임 받는 강사가 온다는 소식을 듣고 사모하는 중이었다. 그런 나에게 아내가 이런 말을 했다. "이번에 그 집회에 가면 당신이 '악'하고 쓰러질 거예요. 어떤 큰일이 있을 거예요."

아내는 미혼 때부터 하나님의 음성을 들었고 하나님이 주시는 영적인 꿈을 자주 꾸었다. 하지만 예언적으로 말한 것은 처음이었다. 아내와 함께 저녁 집회에 참석하였다. 2층에서 아내는 앉아 있고, 나는 두 손을 높이 들고 눈을 감고 찬양하고 있었다. 머리 위로, 지붕 전체 위로 독수리 오른쪽 날개가 지나가는 것을 느꼈다. 하나님의 사랑이 덮는 것 같은 느낌이 들었다. 갑자기 음악당 홀처럼 높은 천장 모서리 왼쪽에서 가늘고 긴 미사일 같은 것이 '쉭'하며 날아와 일주일 전에 불이 때린 오른쪽 무릎을 강타했다. 순간 소리를 지르고 앞으로 꼬꾸라졌다. 아무것도 생각나지 않았고 충격에 엎드려 있었다. 아내가 말한 일이 일어난 것이다. 그리고 오른쪽 무릎이 하루에도 여러 번 뜨거워졌다. 기도하라고 이끄시는 것 같았다. "감사합니다" 고백이 저절로 나왔다. 하루에 수백 번 "삼사합니다"를 연발하였다. 감사는 고난의 출구이요, 축복의 입구이다.

새벽 기도 중에 환상을 보았다. 혼자서 칠흑같이 어두운 산 한복판에 터널을 뚫고 있었다. 광부가 쓰는 전등 달린 안전모를 쓰고 곡괭이로 터널을 파고 있었다. 마음속으로 '끝도 없는 이 터널을 언제 다 뚫지. 내 나이가 얼마인데?'라고 생각하면서 곡괭이를 내리치자, 높은 산 중턱에 터널이 나타났다. 내려다보니 가운데는 쭉 뻗은 고속도로가 놓였고, 양옆은 넓은 평원에 포도밭이 끝없이 펼쳐져 있었다. 그리고 하나님의 음성이 들려 왔다. "너는 혼자서 언제 끝날지 모르는 터널을 뚫었지만, 그 터널로 수많은 사람이 차를 타고 올 것이다." 불의 강도가 점점 세어지며, 온몸 마디마디를 태우던 여러 달 후에 임한 하나님의 영광을 말하는 것임을 알게 되었다. 하나님의 대로, 곧 거룩한 길, 영광의 도로를 일컫는 것이었다.

외치는 자의 소리여 이르되 너희는 광야에서 여호와의 길을 예비하라 사막에서 우리 하나님의 대로를 평탄하게 하라 골짜기마다 돋우어지며 산마다, 언덕마다 낮아지며 고르지 아니한 곳이 평탄하게 되며 험한 곳이 평지가 될 것이요 여호와의 영광이 나타나고 모든 육체가 그것을 함께 보리라 이는 여호와의 입이 말씀하셨느니라(사 40:3-5).

불세례가 시작된 후, 가장 확실하게 임한 은사는 하나님이 주시는 꿈과 환상이 매일 양동이의 물처럼 쏟아 부어진 것이다. 4년 반 동안 하루에 세 번 이상 주로 새벽에 꿈과 환상이 임하였고 음성이 들려 왔다. 그것은 하나님께서 나를 교정하시고, 가르치시고, 진리로 인도하시고, 장래 일들(사역)과 시대적인 일들을 알게 하셨다. 요엘 선지자의 예언을 체험하게 하신 것이다.

그 후에 내가 내 영을 만민에게 부어 주리니 너희 자녀들이 장래 일을 말할 것이며 너희 늙은이는 꿈을 꾸며 너희 젊은이는 이상을 볼 것이며 (욜 2:28).

불의 역사와 함께 나타난 또 하나의 영적 현상은 하나님의 음성이 들리기 시작한 것이다. 하나님께서 말씀을 주시고 그 말씀을 전하기 위해 듣는 귀를 열어 주시기 시작하였다. 지극히 개인적인 체험이지만, 처음에 오른쪽 귀에는 '윙윙' 프로펠러 돌아가는 소리가, 왼쪽 귀에는 면봉으로 귀를 쑤시는 듯 '숙숙' 소리가 들렸다.

그리고 나서 음성이 들렸는데, 오른쪽으로 들리는 음성은 나에게 주신 것이고, 왼쪽으로 들리는 음성은 다른 사람에게 전하라는 것이었다. 몇 주간 동안 오른쪽 무릎에서 시작된 불이 온몸에 퍼지고 손끝 마디마디에 전기가 오고 양어깨가 뜨거워지고 무거움을 느꼈다. 하나님을 예배함이 즐거웠다.

오로라가 비치고 하나님의 영광을 보는 듯하였다. 저녁에는 온몸이 떨리며 진동이 오고 내 영이 우주로 끝없이 날아가는 체험을 하였다. 갑자기 '싱'하며 나를 올리서서 아버지의 마음을 가르쳐 주시기 원하셨다. 오래전 외국인 자매를 통해 "올라오라. 산꼭대기로 올라오라. 내가 너를 영적 영역으로 데리고 갈 것이다. 내가 너를 다른 영역으로 이끌 것이다Come up. Come up to the top of the mountain. I will bring you to the spiritual realm. I will bring you to another realm"라고 하신 말씀의 성취가 시작된 것이다. 육신의 아버지의 마음도 제대로 알지 못했는데, 하나님 아버지의 마음을 가르쳐 주신다는 것이다. 너무나도 큰 은혜요, 사랑임을 깨닫게 되었다. 말라기 선지자가 예언하기를 마지막 때에 엘리야의 영이 임하여 아비의 마음을 자녀에게, 자녀들의 마음을 아비에게로 돌이키게 할 것이라고 하였다.

보라 여호와의 크고 두려운 날이 이르기 전에 내가 선지자 엘리야를 너희에게 보내리니 그가 아버지의 마음을 자녀에게로 돌이키게 하고 자

녀들의 마음을 그들의 아버지에게로 돌이키게 하리라 돌이키지 아니하
면 두렵건대 내가 와서 저주로 그 땅을 칠까 하노라 하시니라(말 4:5-6).

처음에는 사다리로 올라가고 나중에는 승강기로 올라가는 꿈
을 꾸었는데, 이제 '쉥'하며 천사들의 병거를 통해 올리시고, 천국
으로 연결된 튜브로 순식간에 올리신다. '백문불여일견'이라고 하
였다. 영적 영역에서 느끼는 아주 순간적인 지식도 이 세상에서 만
시간 공부한 지식과 비교가 되지 않는다.

불은 뜨거운 사모함이다. 불은 하나님의 체온이다. 불은 하나님
음성의 통로이다. 나를 태우고 정결하게 하기 때문이다. 불은 꿈과
환상과 영적 세계의 채널이다. 불편한 듯하지만 하나님 영광의 아
름다움이요, 아가페 사랑이다.

하나님의 불세례

이번에는 달랐다. 1972년 12월 고등학교 3학년 겨울 방학 때
아버지가 설립한 거제도 기도원에서 받은 불같고 바람 같은 성령
세례와는 확연히 달랐다. 회개가 터진 새벽 금요일 집회를 마치고,
마지막 날 밤에 하나님의 은혜를 사모하는 사람들이 숙소에 모여
서 무릎을 꿇고 기도하고 있었다. 새벽에 회개가 터져서 그런지 무
엇인가 임할 듯 임할 듯했다. 그래서 그 틈에 무릎 꿇었다. 강사가

머리에 손을 얹자 뜨거운 불이 머리로부터 바람 같이 '확'하고 임하며 혀가 말리면서 방언이 터져 나왔다. 몸이 팽이처럼 뱅글뱅글 돌았고 뜨거운 온돌 바닥에 혓바닥을 데기까지 했다. 그때도 분명히 불을 체험했었다.

때때로 그 불을 기도할 때, 얼굴과 가슴과 등으로 느끼곤 했었다. 불같은 성령을 받은 것이다. 그러다가 오랜 시간을 지내면서 그 불씨가 꺼졌는지 목사가 되고 선교사가 되고 신학교에서 강의를 하고 기도를 해도 항상 기뻐하고 범사에 감사하라는 말씀을 몸으로 살아내지 못하였다. 분명히 성령이 내주하시면 평화와 안식을 누려야 하는데 염려와 근심이 떠나지 않았다. 종종 기도의 응답이 없을 때는 여느 사람들처럼 낙심한 적이 한두 번이 아니었다. 33년 동안 신앙의 광야를 벗어나지 못했다. 분명히 불같은 성령을 받았는데도 말이다.

기도 대장이라고 할 정도로 술술 기도하고, 끊임없이 방언으로 기도하면서도 그 의미를 알지 못해 한동안은 방언 기도를 쉬기도 하였다. 더 괴로운 것은 성령 받았고 주님께서 내 안에 내주하고 계심에도 불구하고 청년의 정욕과 죄의 소욕은 줄어들지 않았다는 것이다. 죄를 이기지 못하는 나 자신이 한심스러웠다. 바울 사도의 고백처럼 "오호라 나는 곤고한 사람"(롬 7:24)이었다. "이 사망의 몸에서 누가 나를 건져 내랴"라고 내 영이 그토록 소리를 지르고 있었다. 성령 받았어도 항상 성령이 충만하지 못했기 때문에 마음으로는 하나님의 법을 섬기기 원하면서도 육신으로는 죄의 법을 섬기고 있었다. 이스라엘 백성이 애굽에서 해방되어 홍해를 건너는 하나님의 은혜를 경험했음에도 불구하고 광야에서 방황했던 것처럼 나는 괴로운 인생길을 터벅터벅 걸어가고 있었다.

그러나 지금은 아니다. 불같은 성령세례가 아니라, 하나님의 불세례를 받은 지금은 아니다. 생명의 성령의 법이 나를 죄와 사망의 법에서 해방(롬 8:2)하였을 뿐 아니라, 하나님의 정결하게 하는 불이 나를 태우고 삼켰기 때문이다. 그 불이 피부와 근육과 핏줄을 통과해 뼛속에 머물고 있기 때문이다. 현저하게 죄의 소욕이 줄어들었다. 근심이 사라졌다. 평안이 무엇인지 알게 되었다. 범사에 감사하라는 말씀을 이제야 실천하게 되었다. 기쁨이 임했다. 하나님을 높여 드리고 그분을 기뻐하며 경배하면 그분의 기쁨이 내게 임했다. 주님을 사랑하게 되었다. 진정으로 계명을 지키게 되었다. 이 모든 것이 세례 요한이 "성령과 불로 세례를 주실 것"(마 3:11)이라고 했던 그 불세례가 임했기 때문이다.

군대 가기 전에 넉 달 동안 피아노를 배웠다. 여전도사님이 시무하던 교회에서 풍금으로 일주일 내내 찬송가를 한 장씩 연습해서 반주하였다. 찬송가 560여 장 중에서 어려운 것은 그냥 넘어가고 대충이라도 4부로 여러 번 연주하였다. 어려서부터 교회와 아버지 기도원에서 수없이 부른 찬송가 가사들은 거의 외우고 있다. 그때 불렀던 곡 중에는 지금은 부르지 않는 것들이 있다. 그중 대

표적인 것이 찬송가 95장 3절이다. 1, 2, 4, 5절은 지금도 여전히 부드럽고 감미롭고 좋다.

1. 나의 기쁨 나의 소망되시며 나의 생명이 되신 주 밤낮 불러서 찬송을 드려도 늘 아쉰 마음뿐일세
2. 나의 사모하는 선한 목자는 어느 꽃다운 동산에 양의 무리와 늘 함께 가서서 기쁨을 함께 하실까
4. 주의 자비롭고 화평한 얼굴 모든 천사도 반기며 주의 놀라운 진리의 말씀에 천지가 화답 하도다
5. 나의 진정 사모하는 예수님 음성조차도 반갑고 나의 생명과 나의 참 소망은 오직 주 예수뿐일세

정말 밤낮 불러서 찬송을 드려도 늘 아쉬운 마음뿐인 아름다운 신앙고백이다. 3절은 이러하다. "길도 없이 거친 넓은 들에서 갈 길 못 찾아 애쓰며 이리저리로 헤매는 내 모양 저 원수 조롱하도다." 이런 가사를 왜 3절에 넣었는지 이해할 수가 없다.

아마 그때는 주님을 사모하면서도 죄를 이기지 못하니 원수가 조롱하였을 것이다. 그렇다고 지금도 교회에서 입술의 고백으로 부르는 것은 아닌 것 같다. 나와 우리 교회 그리고 집회에서 이 찬송을 부를 때는 3절은 뺀다. 내가 원수를 조롱하지, 원수가 나를 더는 조롱할 수 없기 때문이다.

"괴로운 인생길 가는 몸이 평안히 쉴 곳이 아주 없네"도 부르지 않는다. 왜냐하면 더는 괴롭지 않고 주님과 동행해서 기쁘기 때문이다. 확연히 달라졌다. 불세례가 임하여 그 불이 떠나지 않고 내 뼈에 사무치도록 임해 있기 때문이다. 내 평생 신앙의 숙제가 해결된 것이다. 하나님께서 살아 계신 것을 어릴 때부터 믿었고, 성경이 하나님의 말씀임을 추호도 의심하지 않았고, 성령을 받았는데도 근심이 떠나지 않았고, 감사와 기쁨은커녕 평안조차도 유지하지 못하고 힘들게 신앙생활을 했었다. 그런 나에게 수십 년 동안 마음에 걸린 성경 구절이 있다. 요한복음 14장 1절과 데살로니가전서 5장 16-18절이다.

너희는 마음에 근심하지 말라 하나님을 믿으니 또 나를 믿으라(요 14:1).

항상 기뻐하라 쉬지 말고 기도하라 범사에 감사하라 이는 그리스도 예수 안에서 너희를 향하신 하나님의 뜻이니라(살전 5:16-18).

나는 하나님을 믿는다. 어릴 때부터 믿었고, 지금도 믿고 있다. 그런데 근심은 떠나지 않았다. 하나님을 믿고 예수님을 믿으면, 근심하지 않아야 하는데 늘 근심하고 있으니 하나님을 믿지 않은 것이다. 지금에야 알게 된 것이 있다. 나를 구원하신 주님, 천국에 계신 하나님 그리고 천국과 지옥의 실재를 100퍼센트 믿는 구원의 믿음은 있었지만, 상황 속에 그 믿음을 적용하는 믿음이 없었던 것이다.

내 이름은 두승이다. 한동안 나 자신을 '근심 두승(투성)이다. 걱정 두승(투승)이다. 낙심과 원망 두승(투승)이다'라고 생각했다. 그래서인지 젊을 때부터 이마에 주름이 많았다. 그 누구도 알지 못한 혼자만의 갈등을 성령 받기 전부터 성령 받은 후에도 33년 동안 계속하였다. 진작 알았다면, 누가 가르쳐 주었다면 유독 이마에만 주름이 많지 않았을 것이다.

지금도 처제의 말이 늘 고맙다. "형부는 주름이 많아서 링컨 같아요." 미국에서 유명한 사람 중에 주름이 매력인 사람들이 한두 사람이 아니다. 유명한 할리우드 배우 커크 더글라스도 클린트 이스트우드도 그렇다.

그런데 지금은 아니다. 하나님의 삼키는 불이 뼛속까지 들어와 있기 때문이다. 예레미야 선지자는 세상에 근심 없는 자가 없다고 했다. 그러나 하나님이 보내신 불이 골수(뼈)에 임하면 근심을 이긴다고 하였다.

지나가는 모든 사람들이여 너희에게는 관계가 없는가 나의 고통과 같은 고통이 있는가 볼지어다 여호와께서 그의 진노하신 날에 나를 괴롭게 하신 것이로다 높은 곳에서 나의 골수에 불을 보내어 이기게 하시고 내 발 앞에 그물을 치사 나로 물러가게 하셨음이여 종일토록 나를 피곤하게 하여 황폐하게 하셨도다(렘애 1:12-13).

골수는 피를 만들어 내는 곳으로 곧 뼈다. 뼛속에 불이 있기에 근심이 떠난 것이다. 불은 하나님의 기쁨이다. 그래서 항상 기뻐할 수 있다. 기쁨이 사라지려 하면 찬양을 드리면 된다. 주님을 기뻐하면 주님의 기쁨이 임하기 때문이다. 전에는 기쁨이 일시적으로 내 안의 구원의 샘에서 나왔다. 원수가 오랫동안 기쁨의 샘을 돌로 막아 기쁨이 터져 나오지 못하게 했다. 그런데 지금은 구원의 샘물에서도 터져 나오고, 하늘 보좌 기쁨의 강에서도 내려온다. 주님을 극진히 높여 찬양하고 혼자서라도 경배하면 된다.

그리고 범사에 감사하게 되었다. 지난날도 감사하고 지금도 감사하다. 앞으로도 감사할 것이다. 불이 임한 후, 쏟아진 꿈과 환상들 속에서 삶의 목적을 보여 주시고, 내 삶 끝까지 아름다운 약속들과 함께 장래 일을 보여 주셨기 때문이다.

일주일 간격으로 두 번에 걸쳐 총알처럼 미사일처럼 오른쪽 무릎을 때린 불이 서서히 움직이기 시작하였다. 처음에는 오른쪽 무릎과 왼쪽 무릎에서부터 발등까지 햇살이 비치듯이 따뜻하게 불이 내리쬐었다. 따뜻하고 포근하며 나른한 듯이 좋았다. 그다음에는 양쪽 발등을 그렇게 하였다. 그다음에는 양 무릎에서부터 엉덩이 관절이 시작되는 대퇴부, 그다음에는 양쪽 팔꿈치부터 손목이 시작되는 팔을 그렇게 하였다. 그다음은 손등을, 양 팔꿈치부터 어깨가 시작되는 팔을, 어깨를, 목 주위를, 얼굴을, 전신을 불이 내리쬐었다. 전열 기구를 내 옆에 갔다 놓은 것 같았다.

불세례가 임하면서 특이한 점은 몸의 긴 부분은 7일, 짧은 부분은 3일씩 그렇게 하였다. 아래위 다리와 아래위 팔, 어깨 등은 일주일, 손등과 발등 그리고 목과 얼굴은 3일이었다. 나중에 알게 된 것은 몸의 모든 부분을 마치 구약에서 제사드릴 때, 짐승의 각을 뜨듯이 관절 마디마디를 잘라서 불로 그을리고, 태우고, 살라버리듯이 한 것이다.

처음에 불은 항상 맑은 캘리포니아의 햇볕처럼 조금 따가운 느낌이었다. 그런데 그게 다가 아니었다. 다시 똑같은 순서대로 양 무릎에서 발등까지, 양발 등, 대퇴부(넓적나리) 순서로 이번에는 좀 더 깊이 들어갔다. 근육 안으로 들어가는 듯하였다. 따끔따끔했다. 그러다가 점점 심해지더니 피부가 쓰라리기까지 하였다. 저녁에는 쓰라려서 몸을 어느 것에도 대지 못할 정도였다. 처음에는 피부에 두 달간, 이번에는 더 깊이 또 두 달이 넘어가고 있었다. 낮에는 견딜 만했지만, 밤에는 도저히 뜨겁고 쓰라려서 발을 뻗고 눕기가 어려웠다. 그래서 소파에 등만 대고 누워 새우처럼 꼬부리고 있었다.

그렇게 밤낮으로 피부와 근육, 온몸을 두 달 반 동안 불이 장악하였다. 어느 날은 갑자기 불이 핏줄 속으로 들어가는 것을 느꼈다. 그때부터는 몸 전체에서 사투가 벌어졌다. 정결하게 하는 불이 굵은 핏줄뿐만 아니라, 가는 핏줄인 모세혈관까지 돌아다니며 내 죄의 근성과 싸우고 있었다. 그 불을 피해 내 속에 있는 죄의 세포들이 이리저리 빠르게 도망 다녔다. 인정사정도 없이, 쉴 틈도 없이 지구 한 바퀴 반 정도 길이인 핏줄 속을 하나님의 거룩한 불이 운행하고 있었다. 이번에는 속으로는 불이, 밖으로는 주로 낮에 한 번씩 팔등이 감전되듯이, '휘릭휘릭' 전기가 올라가고 내려가기 시작하였다.

2005년 9월 26~28일쯤이다. 48세 때 불을 받고 세계적인 치유 사역을 감당한 영국의 스미스 위글스워스의 《항상 배가되는 믿음 *Ever Increasing Faith*》을 번역하고 있었다. 한 번씩 불이 양어깨를 짓누르고, 목 뒷부분이 뜨거워 몇 번 쓰러지기도 하였다. 그때의 기록이다.

"얼굴이 화끈거린다. 눈꺼풀이 화끈거리고 왼쪽 무릎도 뜨겁다. 온몸에서 열이 난다. 지난 금요일(2005년 9월 23일)부터 일주일 내내 어깨, 뒷목과 옆, 손끝, 팔, 무릎 그리고 왼쪽과 오른쪽 발이 계속 화끈거린다. 다시 눈, 목, 얼굴, 발, 온몸에 계속 불이 온다. 얼굴의 수치를 태우신다. 나를 치료하신다. 마귀가 주권을 잃고 있다. 마귀는 1인치의 영역에도 설 수 없다. '나의 마음과 혼적 생각을 주님께 드립니다. 나의 의지를 주님께 드립니다. 나의 생명을 주님께 드립니다. 나의 시간을 주님께 드립니다.' 마귀는 나의 생각과 마음과 몸과 혼과 영에 1인치의 영역도 가지지 못한다. 불이 뜨거워질수록 믿음이 더 깊어진다. 기름, 불, 오로라, 영광이 항구적으로 계속될 것이다. 밤낮으로 하나님의 영광을 보는 것 같다."

14년 전의 일을 쓰고 있는 지금도 양어깨와 목 주위가 뜨겁고 따갑다. 얼굴에 불이 온다. 이렇게 불이 임하면 아무것도 할 수가 없다. 그저 가만히 불을 담고 있어야 한다. 그래야 횃불에 불을 붙일 수 있다. 금을 제련하는 엄청나게 큰 용광로가 된다.

불세례와 믿음

2005년 9월 29일 목요일 오후이다. 불세례가 임한 지 한 달이 넘어가고 있다. 어깨와 앞이 뜨거워진다. 윌리엄 케리 대학 선교 센터 내 작은 사무실 에어컨을 화씨 70도(섭씨 20.9도)로 맞추었는데도 82도(27.5도)에서 도무지 내려갈 기미가 보이지 않는다. 자연 현상이 아니라 초자연적인 불이 방 안에 있기 때문이다. 오른팔, 왼팔, 오른쪽 무릎, 양어깨 앞, 오른쪽, 왼쪽 발뒤꿈치 그리고 목 뒤가 화끈거린다.

한국의 목회 임지가 없는 이들을 위해 기도하는 중에 창자가 뒤틀리는 고통이 오면서 십자가를 지고 끌려가시는 예수님을 마귀가 조롱하는 환상이 보였다. 예수님은 이미 세상 죄를 담당하셨다. 그리고 죄의 결과인 사망의 권세와 마귀를 정복하셨다. 그런데 정결과 거룩함을 추구하지 못하는 사역지가 없는 많은 사역자를 마귀가 정죄하고 조롱하는 것이다. 스가랴서 3장 1절에 하나님께서 스가랴 선지자에게 대제사장 여호수아가 여호와의 사자 앞에 서 있을 때 사탄이 그의 우편에 서서 대적하는 것을 보여 주셨다고 하였다. 그것은 여호수아가 더러운 옷을 입고 있었기 때문이다.

그러므로 속히 정결하게 되어야 한다. 속히 모든 사역자는 거룩한 하나님의 사람들이 되어야 한다. 그렇지 않으면 죽을 때까지 쓰임 받지 못할 수도 있다. 마지막 때는 오직 거룩한 자들만 쓰시기 때문이다. 스가랴 선지자는 말하였다. "나의 하나님 여호와께서 임하실 것이요 모든 거룩한 자들이 주와 함께 하리라"(슥 14:5).

하나님께서 여호와의 사자에게 명하여 대제사장 여호수아의 더러운 옷을 벗기고 아름다운 옷을 입히고 정한 관을 머리에 씌우신 후에 대언하셨다. "네가 만일 내 도를 행하며 내 규례를 지키면 네가 내 집을 다스릴 것이요 내 뜰을 지킬 것이며 내가 또 너로 여기 섰는 자들 가운데에 왕래하게 하리라"(슥 3:7). 정결하게 되고 하나님의 계명을 지키는 자들에게 주의 일을 맡기고 주의 집을 섬기게 하시겠다는 말씀이다.

1997년 12월에 박사 과정을 위해 미국에 왔다. 그런데 하나님은 학위 과정을 마친 후에도 돌아가지 못하게 하셨다. 나 또한 8년째 임지가 없는 목사였다. 미국에 온 지 1년쯤 되었을 때 한국에서부터 알고 지내던 영적 사역을 하는 목사님과 만날 기회가 있었다. 대화 중에 7만여 명의 목회자와 신학교 졸업생들의 사역지가 없다는 것이다. 그 후부터 이 글을 쓰고 있는 지금까지 20여 년 동안 하루에 세 번씩 그들을 위해 기도하고 있다. 어떻게 하루에 세 번씩 오랫동안 기도할 수 있느냐는 사람들의 물음에 나는 이렇게 대답한다. "하루에 세 번 식사할 때마다 기도합니다." 나는 식사할 때마다 그들을 위해 기도했다. "하나님, 임지가 없는 사역자들이 먹게 하시고 그들이 사용되도록 준비되게 해주세요." 먹게 해달라고 기도한 것은 하나님께서 이사야서 65장 13절을 보여 주셨기 때문이다.

이러므로 주 여호와께서 이와 같이 말씀하시니라 보라 나의 종들은 먹을 것이로되 너희는 주릴 것이니라 보라 나의 종들은 마실 것이로되 너희는 갈할 것이니라 보라 나의 종들은 기뻐할 것이로되 너희는 수치를 당할 것이니라.

이제 정결하고 거룩한 종들은 먹을 것이고 마실 것이고 기뻐할 것이다. 웨슬리 듀웰은 그의 책 《능력 있고 응답받는 기도》에서 하나님께 똑같은 문제를 반복해서 말하는 것이 부적당하거나 믿음 없는 것이 아니라고 하였다. 존 칼빈은 "우리는 동일한 탄원을 두세 번이 아니라 필요한 만큼 백 번이고 천 번이고 반복해야 한다. 우리는 하나님의 도움을 기다리는 것에 절대 지치지 말아야 한다"라고 하였으며, 오스왈드 챔버스는 "집요한 중보 기도에서 반복은 하나님과 흥정하는 것이 아니라 기도의 기쁨에 찬 고집이다"라고 하였다.

불이 내 몸 구석구석을 태우는 중에 마귀가 사역자들을 조롱하는 환상이 보였다. 육에 속한 죄의 근성이 태워지고 영에 속한 속 사람이 정결하고 거룩해져야 주님이 쓰실 것이다. 이를 위해 계속 내 몸의 모든 부분을 불로 태우고 계신 것이다. 예외는 없다. 여호와의 날, 곧 주님의 재림이 가까운 때에는 하나님의 불에 태워져 정결하고 거룩하게 되며, 주의 말씀을 먼저 지켜 행하는 자가 될 때 쓰임 받게 될 것이다. 그렇지 못하면 아무리 발버둥 쳐도 그냥 두실 수밖에 없다.

저녁까지 목 앞과 옆 부분이 뜨거워졌다. 30일 새벽 1시 30분까지 배가 뒤틀리더니 무덤이 보였다. 그리고 내 속에서 악한 것이 나가는 것을 느꼈다. 악한 죄의 근성을 무덤에 장사 지내기 위해 그토록 불이 뜨거웠나 보다. 비웃는 마귀들을 향해 꾸짖으시는 예수님의 얼굴이 보였다. 내 죄의 근성을 십자가에 못 박고 무덤에 장사 지낼 때, 비로소 마귀를 꾸짖을 수 있다. 마귀는 오직 죄를 근거로만 고소할 수 있기 때문이다.

9월 30일 아침부터 얼굴에 전기가 왔다. 전기는 치료이다. 얼굴의 수치를 없애시는 것이다. 사춘기 때부터 심각했던 얼굴 여드름을 전기로 치료해 주시는 것을 느낀다. 어떤 이들에게는 믿기 힘들 수도 있겠지만, 믿지 못할 일은 하나도 없다. 그것은 자연 세계에서는 일어나지 않는 초자연적인 역사이기 때문이다.

이 일 후에 주님께서 "위에 것을 찾으라. 그리하면 모든 것이 초자연적이다"라는 음성을 들려주셨다. 내 둘째 딸은 20대 초반에 얼굴에 불이 와 따끔따끔할 때 믿음이 생겨서 "하나님, 콧대를 세워 주세요"라고 기도했다. 그런데 정말로 하나님께서 콧대를 세워 주셨다.

10월 1일이다. 불은 팔에, 전기는 왼발 끝과 허리와 오른쪽 골반에 임하였다. 허벅지 뒤, 얼굴, 팔에 성령의 전류가 흘렀다. 5월 31일 새벽에 레이저 광선처럼 이마에 박힌 "네가 믿으면 하나님의 영광을 보리라"는 주님의 음성이 생각났다. 불로 온몸을 태우는 초자연적 현상을 주시면서 하나님을 믿으라는 것이다. 믿음을 계속 증가시키고 있다. 계속 몸 여기저기를 태우시면서 불이신 하나님을 믿게 하시는 것이다. 그래서 몸을 태우는 불이 믿음을 강화시킨다는 것을 알게 되었다.

하나님을 체험하고 영 분별하는 데는 다섯 감각이 있다. 눈으로 보고, 귀로 듣고, 코로 냄새 맡고, 입으로 맛보고, 몸으로 느끼는 것이다. 오래전에 불같은 성령을 받은 것과는 다른 차원의 불이 내 몸 마디마디와 부분부분을 태우는 체험을 두 달째 하고 있다. 점점 그 불이 뜨거워지면서 하나님에 대한 믿음이 더욱 강화되고 있다. 이후에 깨달은 것은 신앙생활을 하면서 회의가 오고 의심이 생길 때는 두 가지 근원적인 질문을 자신에게 해야 한다.

첫째는 과연 하나님이 살아 계신가? 둘째는 하나님 말씀과 그분의 약속은 100퍼센트 진실한가? 이 질문에 그렇다고 하면 믿지 못 할 일이 없고, 이해 못 할 고난도 없다. 믿음의 시련 속에서도 낙심치 않게 될 것이다.

하나님의 살아 계심과 그분의 변치 않는 약속에 대한 믿음을 강화하는 것이 하나님의 불이다. 하나님을 불로 느끼기 때문이다. 성령이 임했을 때, 하나님은 이미 내 안에 계신다. 하나님의 불이 임할 때, 하나님이 우리 안에 계심을 더욱 확신하는 것이다. 필요한 것은 내 믿음의 그릇을 크게 하는 것이다. 결국 믿음의 그릇대로 능력이 나타나기 때문이다. "네가 믿으면 하나님의 영광을 보리라"(요 11:40)고 하셨다. 불은 믿음이다.

정결하게 하는 불세례

2005년 10월 2일

불세례가 임한 지 45일이 지났다. 오른팔 뒤꿈치 안쪽이 뜨거워진다. 어깨에 오싹오싹 전기가 온다. 성령께서 맥박 가운데, 심장고동 가운데, 숨 쉬는 호흡 가운데, 피부, 혈관 속, 뼈마디, 신경 가운데 계심을 감각으로 느끼면서 밖으로 나타나는 말, 듣는 귀, 생각, 행동, 인격과 성품이 변화되어야 한다는 생각이 들었다. 분명한 것은 나를 깨끗하게 하기 위해 태우는 불이라는 것이다. 그리스도의 신부로서 의롭고 정결하고 거룩하게 만들기 위한 불이다.

베드로 사도는 주님이 오실 때, 교회가 "주 앞에서 점도 없고 흠도 없이 평강 가운데서 나타나기를 힘쓰라"(벧후 3:14)고 하였다. 주의 날이 이를 때, 체질이 불에 풀어지고 땅과 그중에 있는 모든 것이 드러날 때, 거룩한 행실과 경건함으로 하나님의 날이 임하기를 바라보고 간절히 사모하라고 하였다(벧후 3:10-12).

마지막 심판과 진노의 불에 타 없어지기 전에 하나님의 불로 태우는 것은 깨끗함을 위한 것이다. 정결하고 거룩한 그리스도의 신부로 준비되기 위함이다. 불로 내 안과 밖을 태우시는 것은 안으로는 성품의 변화와 성령의 아홉 가지 열매를 맺는 것과 그리스도를 닮음에 대해 말씀하심을 깨달았다. 밖으로는 아홉 가지 은사와 능력의 사역으로 열매 맺어질 것이다. 불이신 하나님이 임하신 흔적과 증거가 떠나지 않도록 더 강한 뜨거움이 나를 정련하고 있다. 뜨거운 사우나 안에 있는 것 같다. 오른쪽 대퇴부 위쪽과 왼쪽 가슴 그리고 오른쪽 어깨가 동시다발적으로 뜨거워진다. 이번에는 오른쪽 발뒤꿈치 위쪽과 아래쪽도 뜨거워진다.

바울 사도는 몸에 십자가 흔적을 가졌다고 고백하였다. 나도 이 불이 떠나지 않기를 원한다. 그렇게 될 때 내가 주님을 절대 떠날 수 없을 것이다. 낙심도 하지 않을 것이다. 뜨거움을 느끼며 주님의 부활, 승천, 하늘의 영광을 바라볼 것이다. 예수 그리스도의 계시와 지식의 말씀 주시기를 기도한다.

스미스 위글스워스의 《항상 배가하는 믿음*Ever Increasing Faith*》을 번역 중이다. 책을 번역할 때도 견딜 수 없을 만큼 뜨거운 열기가 더해지고 있다. 자판을 두드리는 손끝에 전기와 불이 임하여 떨린다. 일어서다가 컵을 건드려 자판에 물을 엎질렀다. 데스크톱이라면 자판만 교체하면 되지만, 랩톱 컴퓨터에 물이 들어갔으니 사용할 수 없게 되었다. 휴지로 물을 닦고 양손으로 안수하듯이 왼쪽에서 오른쪽으로 만지듯이 "문제가 없을지어다. 깨끗하게 될지어다"라고 선포하였다. 믿음이 있어서 그런 것이 아니었다. 그냥 행동과 말이 나왔다. 한 달 넘게 조그만 사무실에서 초자연적인 현상들을 체험하고 있어서 그런 행동이 나온 것 같다. 정말 신기하게도 꽤 많은 물이 들어갔는데도 자판이 작동되었다. 손과 팔에 흐르는 전기는 치유이다. 그런데 고장 난 기계도 치유가 된 것이다. 아무튼 신기한 경험을 하였다. 덕분에 번역을 계속할 수 있었다.

한 달 전 하나님께서는 아내에게 내가 보화와 금광을 발견하고 놀라운 일이 생길 것을 꿈으로 보여 주셨다. 그것은 예수 그리스도의 계시, 성령의 임재와 하나님 자신을 주시는 것이다. 꿈속에서 공중으로 '획'하고 올라가는 경험을 하였다.

2005년 10월 3일

아침부터 양어깨 위로 뜨거움이 온다. 얼굴 양쪽을 꼭 지압하는 것 같다. 목 주위에 전기가 통한다. 성경 암송 카드를 보고 있는데 얼굴에 전류가 흐르듯 번쩍번쩍 떨린다. 왼쪽 발등에 전기가 찌르르하면서 뜨거움이 동시에 온다. 오른팔 안쪽에 전기가 통한다.

2005년 10월 4일

스미스 위글스워스가 죽음의 사탄을 물리치는 장면을 번역 중이다. 죽어가는 여자아이를 위해 기도했는데, 아이가 죽은 후에도 포기하지 않고 9시간 동안 기도했더니 살아났다. 그때 창가에 주님의 얼굴이 보였다. 왼쪽 발등과 양쪽 어깨 뒤가 무거워지고 있다. 무거움은 능력이라고 하였던가? 상체가 오싹오싹하고 찌르르하다. 전에 받은 예언의 말씀이 기억났다. "너는 도시의 군대다. 하나님의 감동으로 일할 것이다." 마귀에게 잡힌 자들을 구출해 내는 것이다. 마귀의 권세를 묶고 매는 능력과 마귀가 묶어 놓은 것을 푸는 권세를 주신다는 것이다.

> 내가 천국 열쇠를 네게 주리니 네가 땅에서 무엇이든지 매면 하늘에서도 매일 것이요 네가 땅에서 무엇이든지 풀면 하늘에서도 풀리리라 하시고(마 16:19).

좌우에 날 선 성령의 검으로 쇠사슬 결박을 끊는 사역이다. 좌우에 날 선 검이다. 곧 하나님의 말씀과 성령의 능력이다. "구원의 투구와 성령의 검 곧 하나님의 말씀을 가지라"(엡 6:17)고 하셨다. 하나님 말씀과 성령의 검, 곧 하나님의 능력이 마귀의 쇠사슬 같은 결박을 끊고, 쇠창살 우리를 열어 포로 된 사람들을 구출하는 비결이다. 그 능력을 주시기 위해 정결하게 하시고 불로 태우시는 것이다. "물 가지고 날 씻든지 불 가지고 사르든지 내 안과 밖 다 닦으사 내 속의 죄 멸하소서"이다. 악을 제하고 죄를 사하는 불이다.

그 때에 그 스랍 중의 하나가 부젓가락으로 제단에서 집은 바 핀 숯을 손에 가지고 내게로 날아와서 그것을 내 입술에 대며 이르되 보라 이것이 네 입에 닿았으니 네 악이 제하여졌고 네 죄가 사하여졌느니라 하더라(사 6:6-7).

그가 임하시는 날을 누가 능히 당하며 그가 나타나는 때에 누가 능히 서리요 그는 금을 연단하는 자의 불과 표백하는 자의 잿물과 같을 것이라 그가 은을 연단하여 깨끗하게 하는 자 같이 앉아서 레위 자손을 깨끗하게 하되 금, 은 같이 그들을 연단하리니 그들이 공의로운 제물을 나 여호와께 바칠 것이라(말 3:2-3).

정결과 연단을 위해 불을 주시는 것이다. 그렇다면 아무리 뜨거워도 참고 견뎌야 한다. 성령세례를 받고도 수십 년간 극복하지 못한 죄를 이기게 하려고 나를 태우시는 것이다. 정결이 곧 능력이다. 정결함을 위해 태우시는 것이다. 능력을 주시려고 더러운 죄의 근성과 악한 습관을 태우시는 것이다.

주님께서 전신 뇌성마비를 치유하는 사역을 보여 주셨다. 그리고 킹덤 빌더즈가 암을 고치는 센터가 된다고 하셨다. 이를 위해 깨끗하고 정결하며 거룩한 하나님의 그릇, 능력의 통로로 삼으시려는 것이다. "나를 태워 주소서. 나를 재로 만드소서. 나를 죽여 주소서"라고 고백할 수밖에 없다. 더는 하나님을 믿는다고 하면서도 하나님과 싸우는 일을 그만두도록 말이다. 정결은 다른 사람들을 위한 하나님의 능력이다. 또한 나를 위해서도 완전한 자유요, 평화와 안식이다. 그렇다면 이 불이 언제 그칠지, 그 강도가 얼마나 더 세어질지 몰라도 '아멘' 할 수밖에 없다.

고등학교 3학년 겨울 방학 때 불같은 성령을 받고 방언이 터져 나오면서 사흘 동안 누린 자유와 평화와 안식과 기쁨을 평생 간직하고 싶었다. 그때 '날마다 주님만 생각하며 살았으면 좋겠다'라는 마음의 소원이 있었다. 기도도 했다. 그러나 그러지 못했다. 더 힘들었다. 내 속에서 육체의 정욕을 따르고자 하는 죄와 사망의 법이 정결하게 살고 싶은 생명의 성령의 법으로부터 나를 자꾸만 사로잡아 갔다. 그런데 이제는 될 것 같았다. 나를 두 달째 정결하게 태우고 있을 뿐만 아니라, 불이 너무 뜨거워 도무지 다른 생각을 할 겨를이 없기 때문이다. 그 불은 주님이셨다. 그 불은 믿음이었다. 그리고 사랑과 열정의 불이라는 것을 강하게 체험하고 있다. 하나님은 우리의 마음에 소원을 두고 행하시는 분이다. 그 소원은 하나님이 주신 것이다. 그 마음의 소원을 33년이 지난 51세에 이루어 주시려고 불로 태우시는 것이다. 하나님의 불은 정결함을 위한 것이다.

너희 안에서 행하시는 이는 하나님이시니 자기의 기쁘신 뜻을 위하여
너희에게 소원을 두고 행하게 하시나니(빌 2:13).

불이 근육 속으로 들어가다

2005년 10월 4일 오후

양팔 안쪽과 목이 오싹하다. 지금까지의 전기나 뜨거움과는 다
른 오싹함이다. 확확 오는 뜨거움은 회개, 믿음, 확신을 위한 것이
라면, 전기가 찌르르 오는 것은 병 고침을 위한 것이다. 그런데 그
런 것과는 다른 오싹함은 능력 행함에 대한 것으로 여겨졌다. 암과
마귀와의 대결이다. 축사 사역에 관한 것이다. 이를 위해 오래 참
음이 필요하다. 목과 오른쪽 다리 안쪽, 발꿈치 곳곳에 동시다발적
으로, 허벅지 안쪽 대퇴부와 얼굴, 어깨 위, 팔 안쪽, 발등에 온종
일 경련이 일어나고 있다. 힘들어 누우면 몸 전체에 진동이 온다.

2005년 10월 5일 아침

양팔 안쪽과 양어깨 위가 찌릿찌릿하고 따끔따끔하다. 두 달째
불이 증가하고 빈번해지고 있다. 밖으로 나타나는 은사는 꼭 성령
의 열매와 짝을 이루어 사용해야 잘못되지 않는다는 깨달음이 왔
다. 성령의 아홉 가지 열매가 아홉 가지 은사와 짝을 이루어 역사
해야 하는 것이다. 병 고침과 능력의 은사는 오래 참음의 열매와

같이 가야 한다. 예언 은사는 양선의 열매와 같이 가야 한다.

오래전부터 은사 사역자들이 은사와 능력을 받아 사역했지만, 성령의 열매와 성품의 변화가 뒤따르지 않아 다른 사람들과 자신에게 좋지 못한 결말로 나타나는 경우를 많이 보았다. 그런 것들에 대한 상처가 있어서 영적 사역을 오랫동안 거부했다. 그 전철을 밟지 않게 하시려고 은사와 능력을 부어 주시고, 성령의 열매와 성품의 변화까지 주시려고 지속해서 불을 증가하신다. 온몸뿐만 아니라 생각까지도 정화하신다. 병 고침과 능력의 은사로 사용하시기 전에 특별히 오래 참음과 양선의 열매를 주시려는 것이다. 옆방에 있는 선교회 사무실에서 찬송하면, 온몸이 더욱 찌릿하고 특히 가슴과 양쪽 어깻죽지가 뜨거워진다. 천사가 날며 하나님을 찬송하듯이 양 어깻죽지가 뜨거워지는 것은 하나님을 찬송하고 예배하는 것이 영적으로 나는 것이라고 가르치시는 듯하다.

하나님을 예배하는 것은 설교가 없어도 된다. 시와 찬미와 신령한 노래들로 하나님께 영광을 돌리면, 신령과 진정으로 그분을 예배하는 것이다. 하나님의 성품, 하나님의 영광, 하나님의 뜻을 구하는 것이다. 순서가 없고 설교가 없는 예배에 하나님의 은혜가 충만하다. 은사와 능력이 나타난다. 방언과 예언과 지혜와 지식의 말씀이 나타난다. 예배는 하나님께만 향하는 찬송과 기도이다. 찬송도 하나님만 높여 드리는 경배 찬송이다. 예배의 갱신이 필요하다. 오늘은 온종일 다른 느낌이다. 뜨거운 물에 들어갔다 나온 것 같고, 햇빛을 많이 받아 따가운 것 같기도 하다. 누우면 로켓이 발사되기 전에 시동을 걸듯 계속 진동이 온다.

2005년 10월 6일

누워서 하나님의 임재를 즐거워하는 한 시간은 금방 간다. 아침부터 목 주위와 팔 안쪽이 뜨겁고 따갑더니 이제는 불이 근육 속으로 들어가기 시작한 것 같다. 두 달 동안 온몸 구석구석 마디마디를 태우시더니 이제는 근육 속을 만지시는 것이다. 새 영과 새 마음을 부어 주신다. 부드러운 마음을 주신다.

또 새 영을 너희 속에 두고 새 마음을 너희에게 주되 너희 육신에서 굳은 마음을 제거하고 부드러운 마음을 줄 것이며 또 내 영을 너희 속에 두어 너희로 내 율례를 행하게 하리니 너희가 내 규례를 지켜 행할지라 (겔 36:26-27).

몸의 밖을 태우실 때는 죄를 태우고 죄의 근성을 다루기 위해 정결함으로 역사하셨다. 그리고 믿음과 열정을 북돋우셨음을 체험하게 하셨다. 그런데 불이 근육 속으로 들어가는 것은 영과 마음을 다루시겠다는 것이다. 하나님의 율례를 알고도 행하지 못한 굳은 마음을 제하고 율례를 행할 수 있도록 부드러운 마음을 주시는 것이다. 하나님의 신을, 하나님의 불을 내 속에 두셔서 그렇게 하시겠다는 것이다. 성령세례를 받고도 하나님의 계명을 온전히 준행하지 못한 삶에서 이제 계명을 준행할 수 있도록 하나님의 불이 속으로 들어오는 것이다.

두 달 만에 불이 근육 속으로 들어오면서부터 새벽에 자리에 누우면 2-3분마다 계속 진동이 왔다. 핸드폰 진동음처럼 몸 전체가 떨렸다. 배터리처럼 충전되는 것 같고 따뜻한 열기가 느껴진다. 백열등을 손으로 살포시 감싸 안았을 때의 느낌이다. 불이 근육 속으로 들어가자 몸 전체에서 열기가 느껴진다.

불은 사랑이다

2005년 10월 18일

3일째 양 가슴에 불이 왔다. 가슴이 뜨겁다. 팔꿈치 안쪽과 가슴이 뜨거워지면서 꼭 포승줄에 묶인 것 같다. 아가서 8장 6-7절에서 사랑은 여호와의 불과 같다고 하였다.

너는 나를 도장 같이 마음에 품고 도장 같이 팔에 두라 사랑은 죽음 같이 강하고 질투는 스올 같이 잔인하며 불길 같이 일어나니 그 기세가 여호와의 불과 같으니라 많은 물도 이 사랑을 끄지 못하겠고 홍수라도 삼키지 못하나니 사람이 그의 온 가산을 다 주고 사랑과 바꾸려 할지라도 오히려 멸시를 받으리라.

여호와의 불, 곧 사랑이다. 하나님 사랑의 포로다. 불이 온몸에 가득하다. 이러한 징조들이 무슨 의미가 있을까? 사무치도록 하나님 사랑을 가슴과 몸에 가득 차게 하시려는 것이다. 그리스도의 사랑이 나를 강권하시는 것이다. 낙심하다가도 감사가 고백 된다. 앉아도, 서도, 누워도, 걸을 때도, 운전할 때도, 하품할 때도 감사가 고백 되었다. 그래도 "사랑합니다"라는 고백에는 미치지 못하였다.

그날 밤 꿈을 꾸었다. 2년 만에 4천 명 되는 꿈이다. 하나님이 시작하시면 중단이 없고 하나님의 불과 영광이 밀려오면 폭발적인 부흥이 일어날 꿈이었다. 극장 안에는 많은 사람이 모여서 설교할 사람을 기다리고 있었다. 객석에 앉아 있는 옛 기름 부음을 받은 여성 은사자는 자기가 설 자리는 아니라고 하였다. 뒷좌석에 앉아 있는 70세가 넘은 목사님도 자기는 못 한다고 거절하였다. 설교할 사람은 아직 소개되지 않은 사람이다. 마음속으로 '누가 소개해야 나가지' 생각하며 꿈에서 깼다.

꿈을 통해 하나님께서 말씀하시는 것은 이미 쓰임 받은 사람이 아니라, 아직 알려지지 않은 준비된 사람을 쓰시겠다는 것이다. 그리고 마지막 부흥을 위해 준비될 사람은 성령의 새 기름 부으심으로 충만할 뿐 아니라, 하나님의 영광이 가득 차고 흘러넘쳐야 한다는 것이다.

컵에 차는 것만으로는 부족하다. 흘러넘쳐야 한다. 넘치는 것은 하나님을 경배하는 것이다. 다윗이 "내 머리에 부으셨으니 내 잔이 넘치나이다"(시 23:5)라고 고백한 것처럼 내 마음에 생명의 강이 넘치는 것이다. 이스라엘 장막에 하나님의 영광이 가득한 것처럼, 내 안에 생명의 강이 넘치는 것이다. 하나님의 사랑이 충만한 것이다. 초보적 신앙의 상태, 곧 구원의 감격에만 머물러 있으면 안 된다. 신앙생활은 자전거와 같다. 서면 넘어진다. 뒤로 갈 수도 없다. 더 큰 은사를 사모해야 한다. 그리스도의 장성한 분량에 이르기까지 자라가야 한다.

> 우리가 다 하나님의 아들을 믿는 것과 아는 일에 하나가 되어 온전한 사람을 이루어 그리스도의 장성한 분량이 충만한 데까지 이르리니 (엡 4:13).

신앙의 첫 단계인 구원의 감격에만 머물러 있으면 안 된다. 예수 그리스도의 계시와 증거, 그분의 나라와 힘과 철장 권세를 소유하기까지 충만해져야 한다. 능력의 비결은 하나님을 계속해서 기다리는 것이다. 무엇보다 더 큰 은사는 하나님의 사랑이 부어지는 것이다.

> 너희는 더욱 큰 은사를 사모하라 내가 또한 가장 좋은 길을 너희에게 보이리라(고전 12:31).

그래서 하나님의 불을 가슴에, 몸에 부으시는 것이다. 가슴에 임한 뜨거움이 심장까지 요동치게 했다. 심장에 전류가 흐르는 것 같다. 심장을 관통한 하나님 불의 따뜻함이 등까지 전달된다. 불은 사랑이다. 불은 회복이요, 은혜와 사랑의 기름 부으심이다.

회복의 불

2005년 10월 19일

불이 임한 지 두 달 쯤 지났다. 가슴 상부와 목 주위가 따끔따끔 하고 진동이 온다. 이러한 징조들이 밖으로 나타나지 않으면 무슨 의미가 있을까? 조금 낙심이 되려고 한다. 그러나 불이 뜨거워지 면 바로 감사가 고백 된다.

2005년 10월 20일

양팔과 가슴에 불이 붙고 온몸에 가득하다. 가득 차 흘러넘쳐야 한다. 하나님이 시작하시면 중단이 없다. 시작되면 2천 명, 4천 명 이 되는 꿈을 주셨다.

2005년 10월 26일

양팔이 따끔따끔하다. 시편 63편 8절을 읽게 하셨다. "나의 영 혼이 주를 가까이 따르니 주의 오른손이 나를 붙드시거니와." 가

습과 양팔, 허리와 등이 동시에 뜨거워진다. 마음 중심까지 뜨거워진다.

> 내가 다시는 여호와를 선포하지 아니하며 그의 이름으로 말하지 아니하리라 하면 나의 마음이 불붙는 것 같아서 골수에 사무치니 답답하여 견딜 수 없나이다(렘 20:9).

2005년 11월 7일

불이 며칠째 휘감는 것 같이 돌아다니고 있다. 가슴, 팔, 종아리, 허리이다. 불은 하나님의 사랑을 표현한다. 그리스도의 사랑이 나를 강권하신다. 하나님의 백성을 구출하는 데 따르는 희생을 요구하시는 것 같다. 사명의 불이다. 불세례와 하나님의 영광을 체험하면서 하나님의 음성을 듣게 되었다. 때때로 그 상황에 꼭 필요한 것을 성경이나 신앙 서적, 어떤 글을 통해 보게 하실 때도 있었다. 오늘은 존 번연의 《천로역정》 중에 불에 관한 것을 보게 하셨다.

순례자가 통역자의 집에서 벽에 붙은 불을 보았다. 한 사람이 서서 물을 부어서 불을 끄려고 하였다. 그러나 불은 계속 더 타오르고 있었다. 통역자가 이유를 말하였다. "이 불은 마음속에 있는 은혜의 역사이다. 불을 끄려고 선 자는 마귀이다. 그러나 불이 계속 타는 것은 그리스도께서 은혜의 기름을 계속 부으시기 때문이다."

때때로 마귀가 우리 가슴의 불을 끄기 위해 물을 붓지만, 주님의 기름은 꺼져 가는 불에 부어졌다. 시련의 불꽃 가운데서도 주님 은혜의 기름은 계속 부어져서 매일 활활 타오르고, 더욱더 강하게 타오른다. 은혜는 회복을 의미한다. 회복은 비워진 잔을 채울 뿐 아니라, 흘러넘치게 한다. 회복은 우리 마음에 하나님의 사랑을 강권하시는 것이다.

소망이 우리를 부끄럽게 하지 아니함은 우리에게 주신 성령으로 말미암아 하나님의 사랑이 우리 마음에 부은 바 됨이니(롬 5:5).

그리스도의 은혜와 사랑의 기름을 성령을 통해 부으심으로 회복의 불이 우리 몸에 붙는 것이다. 결국은 회복의 불이 전체 그리스도의 몸에 붙을 것이다.

44년 전에 임한 불같은 바람 같은 성령세례

지난밤 꿈에 무섭고 두려운 주님의 얼굴을 보았다. 1972년 12월 고등학교 3학년 때이다. 어릴 때부터 교회학교에 다니면서 평소 보았던 주님의 모습은 두 가지였다. 하나는 십자가에 달리신 예수님이고, 다른 하나는 푸른 초원에서 어린 양을 안고 계신 인자하고 사랑 가득한 모습이다. 그날은 상상할 수도 없는 진노하시는 주님의 얼굴을 꿈에서 보았다. 주님의 모습이 공중에 나타났는데 얼굴 전체가 심하게 떨리며 무섭게 진노한 얼굴로 내려다보셨다. 공중에는 곳곳에 별들이 떨어져 불이 났고, 사람들은 전쟁이 난 것처럼 이리저리 도망 다니고 있었다. 나는 지붕 위에 있었는데 무언가를 가지러 내려가려고 했다. 허둥지둥하는 중에 진노하시는 주님의 얼굴을 본 것이다. 주님이 공중에 재림하신 것이다.

어릴 때부터 들은 성경 말씀 중에 지붕 위에 있는 자들은 무엇을 가지러 내려가지 말라고 했다. 그런데 나는 허둥지둥 가지러 내려간 것이다. 나는 주님 맞을 준비가 안 된 것이다. 이 꿈은 금요일 밤에 불같은 바람 같은 성령세례를 받게 될 첫 단계가 되었다. 그날은 월요일 저녁부터 토요일 새벽까지 하루 세 번씩 부흥 집회를 하던 거제도 기도원에서의 금요일 새벽이었다.

아버지는 한국전쟁 때 원산에서 월남하셨고 부산에 정착하셔서 어머니와 결혼하셨다. 사업에 실패한 아버지는 기도원에서 일주일 동안 금식 기도하시던 중 성령의 불을 받았다. 그리고 내가 초등학교 6학년 때인 1966년에 거제도에 기도원을 설립하셨다.

거제도에서 가장 높은 노자산 자락에 세워진 축복산 기도원은 부산에서 배를 타고 두 시간, 버스 타고 한 시간, 버스에서 내려 한 시간 이상을 걸어 올라가야 하는 산 중턱에 있었다. 여름 방학과 겨울 방학 때마다 집회가 있었고, 당시 한국에는 강력한 성령세례가 임했다. 나는 고등학교 1학년 때 물세례 받은 것 외에는 방학 때마다 집회에 참석하면서도 성령세례를 경험하지 못했다.

성령이 임했을 때, 사람들이 머리를 흔들고 진동하며 쓰러졌다. 방언이 터지고 어떤 사람들은 '주여! 주여!"를 부르짖으며 기도하였다. 아버지가 손바닥으로 강대상을 두드리며 인도하는 찬송과 모인 사람들의 통성 기도에 여름의 열기는 뜨거웠다. 내 또래들도, 어린 중학생들도 은혜 받아 방언 기도를 하였고 뜨겁게 찬양을 불렀다. 그러나 나는 은혜 받는 모습을 뒤에서 멀끔히 바라보고만 있었다.

그때는 두세 시간 설교하는 부흥사가 그렇게 미울 수가 없었다. 마룻바닥에 양반다리를 하고 앉아 있으면 다리와 허리가 쑤시고 저려서 몸부림친 적이 한두 번이 아니다. 그런데 꿈에 무서운 주님의 얼굴을 본 것이다.

다음날 금요일 새벽 집회를 마치고 앉아 있는데 갑자기 통곡이 터져 나왔다. 눈물과 콧물이 뒤섞여 나왔다. 마룻바닥에 엎드려 한참을 울었다. 그것은 근원적인 회개였다. 어릴 때부터 교회에 나갔고 교회학교 때부터 배운 예수님이 나를 위해 십자가에서 죽으신 구세주가 되심을 경험하였다. 고등학교 1학년 때 받은 물세례에 비해 이는 강권적인 회개의 세례였다. 30분 정도 울고 나니 창피한 마음이 들어서 고개를 들 수가 없었다.

벌겋게 달아오른 얼굴을 보이고 싶지 않아 빨리 방에 들어가려고 했다. 집사님들과 아궁이에 장작불을 피워 밥을 짓던 어머니의 대화 소리가 들렸다. 그때는 기도원에 쌀과 반찬을 준비해 왔고 밥을 해 먹으며 집회에 참석했었다. 어느 집사님이 어머니에게 "되간다"라고 하였다. 나는 밥이 다 되간다는 뜻으로 이해했는데, 회개하는 내 모습을 본 집사님이 은혜 받을 때가 되어간다고 한 말이었다.

집회 마지막 날 밤이었다. 왠지 오늘 밤에는 은혜 받을 것 같았다. 하지만 준비 찬송 때도, 통성 기도 때도, 설교를 마친 강사가 손을 얹고 안수 기도를 할 때도 아무 일이 일어나지 않았다. 집회를 마치고 은혜를 사모하는 사람들이 기도원 위에 있는 법당 옆방에서 무릎을 꿇고 앉아 강사의 안수를 사모하고 있었다. 그곳은 30년 된 절이다. 예수를 영접한 주지 승려가 집회 때 숙소로 사용할 수 있게 해준 곳이다. 얼마 전에 승복을 입고 기도원 예배당에 앉아 있다가 아버지의 안수 기도를 받고 방언이 터진 승려는 부처상 등을 모두 불태워버렸다.

은혜 받은 사람들은 더 뜨겁게 받으려고 열심히 방언 기도를 하였다. 그때 강사는 서울에서 온 어느 권사님이었다. 그분이 머리에 손을 얹고 기도하자, 사람들이 깡충깡충 뛰기도 하고, 곳곳에서 방언들이 터졌다. 드디어 내 차례가 되었다. 나를 보고 손을 얹으며 "또 왔네" 하는 순간, 머리에서부터 '쏴'하는 소리와 함께 뜨거운 불이 얼굴에 임하고 혀에 닿는 순간 몸이 팽이처럼 돌기 시작했다. 그리고 입에서 방언이 터져 나왔다. 장작불을 땐 뜨거운 방바닥에 얼굴을 박고 돌다가 혀가 바닥에 닿아 데이기까지 멈추지 못했다. 강력한 성령세례를 받았다. 오순절 마가 다락방에 임한 불의 혀같이 갈라지는 불같은 바람 소리 같은 성령세례를 받은 것이다.

오순절날이 이미 이르매 저희가 다 같이 한곳에 모였더니 홀연히 하늘로부터 급하고 강한 바람 같은 소리가 있어 저희 앉은 온 집에 가득하며 불의 혀 같이 갈라지는 것이 저희에게 보여 각 사람 위에 임하여 있더니 저희가 다 성령의 충만함을 받고 성령이 말하게 하심을 따라 다른 방언으로 말하기를 시작하니라(행 2:1-4).

하나님이 길을 막으심

길을 여심도 길을 막으심도 하나님의 섭리이다. 우리는 하나님을 사랑하는 자 곧 그 뜻대로 부르심을 입은 자들에게는 합력하여 선을 이룬다(롬 8:28)는 말을 잘 안다. 이는 긍정적인 일도 부정적인 일도 하나님의 선하신 뜻을 위해 준비된 것이며, 하나님의 섭리 중에 있는 일이라는 것을 인정한다는 것이다. 그러나 하나님의 깊은 경륜을 알지 못하고 진정으로 하나님을 사랑하는 단계에 이르지 못한 상태에서는 하나님의 막으심을 나를 향한 그분의 계획으로 받아들이기가 쉽지 않다.

2003년 9월 졸업 예정으로 6월 졸업식에서 박사 가운을 입고

축하도 받고 단체 촬영도 마친 상태였다. 졸업 논문 심사도 마쳤고 이제 논문 교정만 하면 다 되는 일이었다. 그 일은 도서관 리서치 교정 담당자의 몫이었다. 내 앞에 그의 교정을 기다리는 사람이 8명이나 더 있었다. 6월에 졸업하고 논문 교정을 기다리는 사람이 20여 명 정도였고 내 차례는 9번째였다. 순조롭게 진행되면 9월에 끝나 다음 해 3월 교수 임용에 모든 서류와 논문 사본을 제출하는 데는 무리가 없었다.

그런데 리서치 교정 담당자가 7월, 8월이 지나면서 연락이 되지 않는 것이다. 그의 여름휴가 때문이었다. 당시 여러 명의 아프리카 학생들이 있었다. 그들은 학교에서 전액 장학금과 숙소와 생활비를 지원받기 때문에 걱정이 없었다. 하지만 우리 집은 한 달에 집세와 생활비로 최소 2,000불이 필요하였다. 다음 차례인 아프리카 학생들도 논문이 끝나 고향으로 돌아갔다. 하지만 내 논문은 10월 중순이 되어도 교정이 끝나지 않는 것이다. 엎친 데 덮친 격으로 학교와의 계약 기간이 끝나 학교에 나오지도 않았다. 전화했더니 하나 남은 논문이라서 도와주는 것이고, 아니면 다음 리서치 교정 담당이 올 때까지 기다리라고 했다. 얼마 후 다 끝났다고 해서 받은 디스크를 열어 보니 처음 준 논문과 다를 바가 없었다. 교정이 완전히 끝난 것이 아니었다. 그 상태로 인쇄해서 학교에 제출할 수는 없었다.

그에게 전화해서 상황을 얘기했다. 그는 몇 년 동안 수백 명의 박사 논문을 교정하고 졸업시켰는데 내 논문만큼 골치 아픈 논문도 처음이라고 한다. 20여 명의 논문은 별일 없었는데 내 논문 작업만 하면 자꾸 일이 꼬이고 심지어 교정을 마치고 디스크를 꺼내려고 하면 디스크가 컴퓨터에 끼여서 나오지 않는다는 것이다. 그의 집에 가서 확인해 보니 실제로 디스크가 끼여 나오지 않았다. 둘이서 기도하고 "예수 그리스도의 이름으로 명하노니 방해하는 역사는 멈추어질지어다. 컴퓨터는 정상적으로 작동될지어다. 디스크는 나올지어다"를 외치며 몇 번이나 스위치를 껐다 켰다 하였다.

그리고 최종 논문을 학교 앞 인쇄소에 맡겼다. 이틀 후 교수 승인을 받으려고 인쇄한 논문을 마지막으로 살펴보았다. 어떻게 된 일인지 많은 부분이 교정되지 않은 것이다. 너무 기가 차서 전화했더니 자기를 귀찮게 하지 말고 한번만 더 전화하면 경찰을 부르겠다고 소리소리 지르며 신경질을 내는 것이다.

11월 9일까지 제출할 서류는 준비되었는데 정작 제일 중요한 논문이 문제였다. 그와 실랑이 끝에 담당 교수를 찾아가 자초지종을 이야기하였다. 교수가 자초지종을 듣더니 미안하다고 사과하면서 왜 진작 자기에게 이야기하지 않았느냐고 하였다. 괜히 성가시게 하고 싶지 않았고, 그 담당자를 배려하다 보니 이 지경까지 오게 되었고 결국 교수 임용 제출 일자까지 놓쳤다고 말하였다. 교수는 인쇄비와 최종 인쇄비까지 학교가 낼 것이며 자기가 직접 연락해 마무리하겠다고 하였다. 결국 논문 인쇄는 1월에 했다. 3월에 있는 교수 채용 건은 물 건너간 것이다. 나를 향한 시대적인 하나님의 뜻이 한국으로 돌아갈 길을 막은 첫 번째 일이었다.

그런 와중에 대책 없는 나를 대신해 아내가 일을 시작했다. 공부할 때는 멕시코 선교를 겸해서 여러 교회로부터 재정 지원을 받았다. 한국에서부터 해오던 목회자 연장 교육도 하고 있어서 큰 어려움 없이 지낼 수 있었다. 정작 공부를 마친 후에는 그 지원이 다 끊어진 상태였다. 또다시 1년을 기다려야 했다. 그러나 다음 해에는 학교의 재정 사정이 여의치 않아 교수 채용이 보류되었다. 이것이 한국으로 돌아갈 길을 막으신 하나님의 두 번째 섭리였다.

세 번째 한국으로 돌아갈 길이 생겼을 때는 하나님이 막으신 것이 아니라, 그동안은 도무지 알지 못한 내 삶의 목적과 궁극적 사명에 대한 음성과 꿈과 환상을 통한 시대적인 부흥에 대한 약속이 주어진 후였다. 이번에는 내가 그 기회를 거부하였다. 나를 수년간 후원하던 총장은 "그 나이에 무슨 영화를 누리려고 오지 않느냐? 이곳에도 할 일이 많고 계획도 많다. 도움을 받았으니 와서 봉사하라"는 편지를 보내왔다. 내가 받은 사명을 설명하지 못하고 그냥 이곳에서 시작한 일 때문에 못 간다고 죄송하다는 답장을 보냈다.

이는 하나님의 시대적인 계획 속에 있는 나의 길이 아니었다. 나의 삶은 주님께 드려졌고 나 스스로가 할 수 있는 일은 아무것도 없고, 주님 앞에서 일대일로 훈련 받는 과정 중에 있었기 때문이다. 내 원대로 되지 않음도, 하나님이 막으심도 하나님의 영원한 경륜 속에 포함되는 하나님이 허락하신 일이다. 이렇게 생각하게 된 것도 하나님을 사랑하게 되었기 때문이다.

오늘날 많은 하나님의 백성이 하나님을 진정으로 사랑하지 않는다. 자기를 더 사랑한다. 자기의 뜻이 먼저이고 하나님의 뜻은 묻지도 않는다. 그래서 자기의 뜻을 구하고 응답해 달라고 한다. 그러다가 일이 꼬이고 길이 막히면 하나님이 도와주지 않는다고 생각한다. 하나님의 어떤 경륜이 있는가는 돌아볼 생각조차 하지 않고 자기 생각만 하는 것이다.

하나님의 섭리를 알 수 없을 때는 내 뜻대로 안 되는 것이, 내 길을 막는 것이 하나님의 뜻일 수도 있다. 우리가 진정 하나님을 사랑하면 긍정적이거나 부정적이거나, 응답이 되거나 되지 않거나, 좋은 경험 나쁜 경험도 모든 것이 합력하여 선을 이루시는 하나님의 섭리를 이해하게 된다. 결국 나의 삶은 더는 나의 것이 아니며, 하나님은 항상 좋으신 분이고, 내 뜻보다는 그분의 뜻이 항상 선하기 때문이다.

욥은 모든 것을 다 잃었을 때 "주신 이도 여호와시요 거두신 이도 여호와시오니 여호와의 이름이 찬송을 받으실지니이다"(욥 1:21)라고 고백하였다. 요셉은 자기를 판 형들에게 "당신들은 나를 해하려 하였으나 하나님은 그것을 선으로 바꾸사 오늘과 같이 많은 백성의 생명을 구원하게 하시려 하셨나니"(창 50:20)라고 하나님의 섭리를 고백하였다. 길을 여심도 길을 막으심도 하나님의 섭리이심을 깨닫는 하나님을 진정으로 사랑하는 자가 되자.

우리가 알거니와 하나님을 사랑하는 자 곧 그의 뜻대로 부르심을 입은 자들에게는 모든 것이 합력하여 선을 이루느니라(롬 8:28).

2부

불과 하나님의 음성

30년 동안 기도하던 교회다

불이 피부에 임해서 관절마다 각을 뜨듯이 한 벌, 다시 근육으로 들어가 한 벌을 태우고 두 달 반이 되었을 때, 하나님의 불은 핏줄 속으로 들어가 돌아다니기 시작하였다. 낮에는 그런대로 견딜 만했지만, 밤에는 뜨거워서 잠을 자지 못할 정도였다. 11월에 들어서는 불이 가슴과 팔과 종아리와 허리 등을 휘감는 듯이 돌아다녔다. 가슴과 양팔, 허리 등에 동시에 뜨거움이 올 때는 불이신 하나님이 나를 안으시는 것 같다. 그리스도의 사랑이 나를 강권하심을 느꼈다.

2년 전에 한 신학대학에서 교수 청빙을 받았으나 학교 사정이 어려워져서 취소된 적이 있다. 2005년 11월 11일에 그 신학대학에서 선교학 교수로 오라는 연락이 왔다. 하나님의 음성을 듣고 새 일을 하게 될 것이며 이전으로 돌아갈 수 없다는 것을 알았지만, 하나님께 순종하면 어떤 일이 있는지 보여 달라는 기도를 하고 잤다. 연거푸 세 번 큰일이 있을 것을 보여 주셨다.

극장 같은 큰 홀에 수많은 사람이 모여 있고 무대에 나갈 사람을 기다리고 있는 것과, 쇠 우리에 갇혀있는 수많은 사람을 풀어놓는 열쇠를 나누어 주는 꿈이었다. 그리고 "도시의 군대다"라는 음성을 들었다. 20층 높이의 옆으로도 긴 하얀 빌딩을 먼발치에서 보고 있는 나를 보았다. 빌딩 왼쪽 끝에는 경비행기 같은 것이 한 대 놓여 있었다. 나중에 생각해 보니 그것은 나는 자동차였다. 그때 누가 내 옆에 서서 "저 빌딩은 무엇을 하는 곳이냐?"라고 물었다. 그는 젊은 목사 같았다. "내가 30년 동안 기도하던 교회다"라고 대답하였다.

흰색은 순결, 곧 회복된 교회를 말하는 것 같다. 20은 히브리어로 Wall, 곧 성이라는 뜻이다. 기도의 성을 말한다. 한국 교회는 60~70년대에는 순수하였다. 그런데 왜 이토록 타락했을까? 안타까워하며 한국 교회의 회복과 부흥을 위한 기도의 응답으로 회복과 부흥된 교회의 모습을 보여 주신 것이다.

그리고 풀러 신학교에서 박사 과정을 할 때 한 외국 은사자가 예언하기를, "로스앤젤레스 높은 빌딩에서 너를 초청한다. 지붕은 푸른색이다"라고 한 그 빌딩을 말하는 것 같았다. 엄청난 부흥이 일어나지 않으면, 도무지 성취될 수 없는 꿈을 보여 주신 것이다.

푸른색은 영광을 뜻한다. "네가 믿으면 하나님의 영광을 보리라"고 첫 음성으로 들려주신 약속을 붙들고 끝까지 순종하고 믿으면, 지붕을 영광으로 덮을 만큼 일어날 부흥의 약속을 주신 것이다.

그리고 수년 후인 2012년에 캐나다의 건설업자로부터 하나님께서 호텔과 컨벤션 센터가 되는 교회 건물을 로스앤젤레스에 지으라는 주님의 음성을 들었다는 믿지 못할 확증을 주셨다. 하나님께서는 오늘도 그분이 하실 일을 어떤 사람들에게 삶의 목적이 되는 꿈으로 보이신다. 요셉에게 해와 달과 별이 절하고, 여러 볏단이 절하는 꿈을 주신 것과 같다.

하나님의 내적 음성(1)

불이 점점 더 뜨거워지면서 경험하기 시작한 하나님의 영광 안에서 뚜렷하게 체험하게 된 것은 하나님의 음성이 들리기 시작했다는 것이다. 하나님께서 사랑하는 자들을 위해 예비해 놓으신 눈으로 보고 귀로 듣는 은혜가 임한 것이다. 그것은 꿈과 환상을 통해 들리는 하나님의 음성과는 다르게 귀에 들리는 음성과 내적 음성으로 말씀하시는 것이다. 그중에서도 내적 음성의 체험이 확연히 많았다. 주로 새벽에 내 안에 계신 성령께서 하나님의 뜻을 전달하신 음성이었다. 밖에서 들린 음성이 아니라 내 안에서 나온 음성이었다. 음성이 내 생각에서 나온 것이 아닌 것은 일어나자마자

들려온 음성이기 때문이다. 그것은 성령의 내적 음성이었다.

기록된바 하나님이 자기를 사랑하는 자들을 위하여 예비하신 모든 것
은 눈으로 보지 못하고 귀로도 듣지 못하고 사람의 마음으로도 생각지
못하였다 함과 같으니라 오직 하나님이 성령으로 이것을 우리에게 보
이셨으니 성령은 모든 것 곧 하나님의 깊은 것이라도 통달하시느니라
(고전 2:9-10).

감사하라

하루는 새벽에 일어나자마자 "감사하라"는 음성이 내 안에서 울
려 퍼졌다. 그 당시 한국에 가지 못하고 사역과 물질적인 후원도
없이 불세례 속에 있었지만, 외적으로는 아무 소망이 없었다. 그
막막한 상황 속에서 "감사하라"는 음성이 나온 것이다. 그것도 명
령형이었다. 하나님의 레마 음성을 들으면 순종하지 않을 수 없다.

그날 수백 번 "감사합니다"를 연발하였다. "땡큐 로드, 땡큐 로
드"를 하다가 "감사합니다. 감사합니다"를 천 번도 넘게 한 것 같
다. 다음 날에도, 다음 날에도 "감사합니다"를 수백 번 하다 보니
정말 힘든 것도, 막막한 것도 모든 것이 정말 감사하였다. 하나님
의 음성을 듣게 된 것도, 불세례를 주신 것도, 과거에 알지 못한 하
나님 영광의 아름다움을 맛본 것도 그리고 지금 하나님의 음성을
듣고 순종하는 것도 감사하였다. 두 달 동안 매일 감사할 때 "우리

가 알거니와 하나님을 사랑하는 자 곧 그 뜻대로 부르심을 입은 자들에게는 모든 것이 합력하여 선을 이루느니라"(롬 8:28)는 말씀이 사실적으로 다가왔고 믿어졌다.

그리고 그토록 부담스러웠던 "범사에 감사하라 이는 그리스도 예수 안에서 너희를 향하신 하나님의 뜻이니라"(살전 5:18)는 말씀에 순종하는 나 자신을 발견할 수 있었다. 감사는 신앙 여정의 반환점을 도는 것이다. 광야를 탈출하는 지름길이 된다. 또한 성소로 들어가는 관문이 된다. 그 이후부터 10년이 넘은 지금까지도 매일 수십, 수백 번씩 "감사합니다. 땡큐 로드"가 입술의 고백이 되었다.

감사함으로 그 문에 들어가며 찬송함으로 그 궁정에 들어가서 그에게 감사하며 그 이름을 송축할지어다(시 100:4).

여호와께 감사하라 그는 선하시며 그 인자하심이 영원함이로다 (시 136:1).

감사로 제사를 드리는 자가 나를 영화롭게 하나니 그 행위를 옳게 하는 자에게 내가 하나님의 구원을 보이리라(시 50:23).

감사에 기쁨을 더하라

"감사하라"는 내적 음성을 듣고 매일 수백 번 "감사합니다"를 고백한 지 두 달 반쯤 지난 어느 날 아침에 "감사에 기쁨을 더하라"는 내적 음성이 울려 나왔다. 새벽 3시부터 2시간 정도 거실에서 하나님을 경배하고 묵상하였다. 1시간가량 기도한 후에 밖으로 나가 산책하면서 주님을 묵상하고 그분의 음성 듣기를 사모하던 때이다.

"감사하라"는 음성을 듣고 "감사합니다"를 하루에도 수백 번 하였더니 정말 모든 것이 감사하였다. 같은 맥락으로 "기쁩니다"를 며칠 동안 수없이 하였다. 그런데 "감사합니다"를 고백했을 때 감사했는데, "기쁩니다"를 고백해도 기뻐지지 않았다.

그러는 중에 주님께서 감사에 기쁨을 더하는 것은 찬양하라는 것임을 알려 주셨다. 그때부터 산에 오르면서 주님을 찬양하기 시작하였다. 주님의 이름, 주님의 성품, 주님의 능력과 그분의 역사를 찬송하였다. 이같이 주님께만 찬양을 드렸을 때 주님의 기쁨이 몰려왔다. 이것이 곧 "감사에 기쁨을 더하라" 하신 주님의 뜻인 것을 알았다. 더욱 힘써 주님을 찬양하였고, 찬양하면 할수록 주님의 기쁨이 밀려왔다.

"여호와를 기뻐하는 것이 너희의 힘이니라"(느 8:10)는 말씀은 옳았다. 하나님을 찬송하고 기뻐하니 말할 수 없는 기쁨이 주님의 보좌로부터 내려왔고 새 힘을 얻게 되었다. 지난날 성령세례 받은 이후로 수십 년 동안 기도하면서도 알지 못했던 비결을 알게 되었다. 주님을 기뻐하면 모든 상황을 초월하여 주님의 기쁨이 내게 임하는 것을 실제로 체험하게 된 것이다.

주님의 기쁨 내게 임하네 나 항상 기쁨 안에서 주 찬양
주님의 기쁨 내게 임하네 나 기쁜 찬송 주께 드리네

주께서 나의 슬픔을 변하여 춤이 되게 하시며 나의 베옷을 벗기고 기
쁨으로 띠 띠우셨나이다 이는 잠잠치 아니하고 내 영광으로 주를 찬송
케 하심이니 여호와 나의 하나님이여 내가 주께 영영히 감사하리이다
(시 30:11-12).

극진히 찬송하라

하나님의 계시는 점진적이다. 주님의 음성을 듣고 매일 감사를
고백하고, 매일 주님을 기뻐하는 찬송을 한 지도 한참 지난 후였
다. 이번에는 영어로 "Give most high praise to God(극진히 하나
님을 찬송하라)"이라는 내적 음성이 들려왔다. 시편에 이런 구절이
있는 것 같아 찾아보았다. 두 곳에 비슷한 구절이 있었다.

여호와는 광대하시니 우리 하나님의 성, 거룩한 산에서 극진히 찬송하
리로다(시 48:1).

여호와는 광대하시니 극진히 찬양할 것이요 모든 신보다 경외할 것임

이여(시 96:4).

'극진히'는 '더할 나위 없이 아주, 최상의'라는 뜻이다. 광대하신 하나님을 '가장 높이, 최고로 힘 있게, 아주 목소리를 높여서, 미친 듯이 열정적으로' 찬송하라는 것이다. 그분은 찬양 받으시기에 가장 존귀하신 분이기 때문에 더 높이, 더 최상으로, 점점 더 고조되게, 더 강렬하게 힘을 다해, 온 마음을 다해 지극히 주님을 찬양하라는 말씀이다.

토요일 아침이었다. 한국은 주말에 운동이나 산책을 많이 하지만, 미국은 주중에 아침 일찍 산책하거나 가까운 산에 많이 오른다. 묵상과 기도를 하다가 날이 밝기 시작하는 것 같아 밖을 보니 안개가 낮게 드리워 있었다. 소파에서 자서 그런지 몸이 불편했다. 게으름이 생겨 그냥 여기서 찬양할까 하는 생각이 잠깐 들기도 했지만, 제대로 찬양할 수 없을 것 같았다. "극진히 찬양하라"고 하신 음성에 순종하지 않으면 안 될 것 같아 밖으로 나갔다.

산을 어느 정도 오르기까지 안개가 몸을 짓누르는 것 같아 찬송하기가 쉽지 않았지만, 힘을 다해 소리 내어 찬송하였다. 땀을 흘리며 한참 산을 오르면서 "위대하고 강하신 주님 우리 주 하나님. 위대하고 강하신 주님 우리 주 하나님. 라—라—라 할렐루야 여호와의 모든 종들아 주 이름 찬양해 이제부터 영원까지 주 이름 찬송할지어다." 찬양하다 보니 어느새 안개가 발밑으로 잠기고 멀리

건너편 산들과 산타모니카 바다까지 눈에 들어왔다. "주님의 높고 위대하심을 내 영혼이 찬양하네. 주님의 높고 위대하심을 내 영혼이 찬양하네." 찬양이 터져 나왔다. 찬송하며 저 높은 곳을 향하여 내 주를 따라 "의심의 안개 걷히고 근심의 구름 없는 곳 기쁘고 참된 평화가 거기만 있사옵니다"라고 노래한 높은 곳에 올라 온 것이다. 의심은 안개와 같다. 근심은 구름과 같다. 그러나 극진히 주님을 찬양하고 주님의 임재가 있는 높은 곳에 오르면 의심과 근심은 사라진다.

1. 저 높은 곳을 향하여 날마다 나아갑니다. 내 뜻과 정성 모두어 날마다 기도합니다

3. 의심의 안개 걷히고 근심의 구름 없는 곳 기쁘고 참된 평화가 거기만 있사옵니다

5. 내 주를 따라 올라가 저 높은 곳에 우뚝 서 영원한 복락 누리며 즐거운 노래 부르리

(후렴) 내 주여 내 맘 붙드사 그 곳에 있게 하소서. 그곳은 빛과 사랑이 언제나 넘치옵니다

산굽이를 돌아서니 찌뿌둥한 날씨를 한 방에 날려버리는 밝고 찬란한 해가 먼 산 위로 떠오르고 있었다. 또 찬양이 메들리로 터져 나왔다.

해 뜨는 데부터 해지는 데까지 주 이름 찬양 받으리

해 뜨는 데부터 해지는 데까지 주 이름 찬양 받으리

라-라-라 할렐루야 여호와의 모든 종들아

주 이름 찬양해 이제부터 영원까지 주 이름 찬송할지어다

크신 주께 영광 돌리세

하나님의 성에서 그의 거룩한 산에서

터가 높고 아름다워 온 세상의 기쁨

저 북방에 있는 시온 산 큰 왕의 성 일세

싱 할렐루야 싱 할렐루야 싱 할렐루야

큰 왕의 성 일세

많은 시간이 지난 지금도 이 찬송들만 부르면 그때의 극진한 찬
송의 감격이 되살아난다. 그 아침의 가장 극진한 찬양은 가사는
잘 모르지만, "Majesty, Kingdom Authority"였다. 영국에서 왕
을 His Majesty, 여왕을 Her Majesty라고 한다. 가장 높은 존재
에 대한 호칭이다. 그분 나라의 권세를 노래한 것이다. "Majesty,
Kingdom Authority"만 계속했는데도 전율이 흐르며 최상의 기쁨
을 아무도 없는 산 중턱에서 생애 처음으로 마음껏 누렸다.

그때가 한국 나이로 52세이고 목사가 된 지 16년째였다. 박사
학위를 받은 지 2년이 되었지만, 한국에 돌아가지도 못하고 막막

한 상황이었다. 오직 하나님의 불과 그분의 영광, 그분의 음성에 붙들려 있었다. 그러나 그 순간만은 아무것도 문제가 되지 않았다. 창조자 하나님 앞에서 나이, 학위, 체면이 무엇이겠는가?

그때의 경험으로 지금도 하나님을 찬송할 때는 어린아이가 된다. 하나님 앞에서 재롱떨듯이 춤추며 그분을 가장 기쁘시게 하고 싶다. 그것이 내 삶의 목적이다. 하지만 그날의 경험이 단지 "극진히 찬송하라"는 음성에 순종한 것에 머물지 않고 극소수의 사람들이 경험하는 다음의 단계로 올라가는 관문임을 얼마 후에 깨달았다.

평화는 기본이요, 감사 위에 기쁨이었다. 이 단계에서 최상의 감격을 맛보았다. 그때는 알지 못했지만, 거룩한 산 정상에서 "주님을 사랑합니다"를 고백하는 아름다운 연합의 단계를 넘어선 것이다. 그다음은 하나님의 영광을 선포하는 황홀경의 베이스캠프요, 그다음은 창조주 하나님, 거룩하신 하나님을 얼굴로 뵙고 온몸이 녹아내리듯이 "주님을 사랑합니다"라고 고백하고 경배하게 되는 정상이다.

하나님의 내적 음성(2)

하나님께서 우리를 그분의 임재 안으로 이끄시는 과정은 대체로 점진적이다. 계시와 영광의 영역으로 이끄심도 그러하다. 우리의 믿음과 순종을 통한 여정이 되어야 하기 때문이다. 종종 계단으로 한 계단씩 올라가기도 하고, 사다리를 하나씩 올라가는 경우도 있다. 그러다가 어떤 때는 승강기로 올라가듯이 중간을 거치지 않고 급격하게 승진시키기도 한다. 더 현격한 방법은 천사들의 병거로 올리시든지, 에스겔이나 바울처럼 영으로 들어 올리셔서 초자연적인 계시를 주시기도 하고, 셋째 하늘을 경험하게도 하신다. 외국 집회에서 들은 것인지, 책에서 읽은 것인지 잘 기억나지 않지만, 꿈이나 환상 중에 승강기에서 천사 안내원이 "몇 층이냐?"라고 물으면, 지체치 말고 "꼭대기 층이요"라고 대답하라는 말이 기억난다.

한번은 높은 산을 힘들게 오르는데, 하늘에서 헬리콥터가 내려와서 망설이지 않고 탄 영적 경험을 하였다. 그러면 바로 산 정상으로 올라갈 수 있다. 이런 경험을 한 후에는 영적 영역에서 현저한 상승을 느끼고, 이전보다 더 높은 은혜의 단계로 올라가게 된다. 소년이라도 피곤하고 곤비하며 장정이라도 넘어지며 자빠지되 여호와를 앙망하는 자는 새 힘을 얻어 독수리 날개 치며 올라갈 수 있다(사 40:30-31). 전진이 아니라 상승이다. 비상이다. 하나님의 보좌가 하늘에 있기 때문이다. 하나님께서 구약에서 하시던 방법을 신약에서는 중단하셨다는 기록은 성경 어디에도 없다.

야곱은 형 에서를 피해 하란에 있는 삼촌 라반의 집으로 가던 벧엘 광야에서 돌베개를 베고 잘 때 꿈을 꾸었다. 하늘에 닿은 사다리를 천사들이 오르락내리락하고 사다리 위에 계신 하나님의 음성을 들었다. 그가 어디로 가든지 함께하시며, 약속한 것을 다 이루게 하실 거라고 하셨다(창 28:15). 하룻밤의 영적 경험이 21년간의 타향살이를 견디게 했고, 결국 이스라엘 영적 조상의 반열에 들게 하였다.

Declare His Glory: 그분의 영광을 선포하라

"감사하라. 감사에 기쁨을 더하라. 극진히 하나님을 찬송하라"는 내적 음성에 잘 순종하자, 다음 단계로 올라가는 "그분의 영광을 선포하라"는 음성을 주셨다.

한번은 우연히 책장을 쳐다보는데 수백 권의 책 중에 갑자기 《Declare His Glory》가 눈앞으로 다가오는 경험을 하였다. 그때 입에서 "Declare His Glory"라는 소리가 나왔다. 하나님의 영광을 선포하라는 음성이었다. 그다음부터 기도제목 뿐 아니라 성경을 읽으면서도 생각나는 대로 하나님의 뜻을 선포하기 시작하였다. 감사와 찬송과 극진한 찬송을 계속하면서 하나님의 영광을 선포하는 일을 병행하게 된 것이다.

미국에서 초고속 성장을 이룬 10대 교회 중 하나인 엘리베이션 교회 담임목사인 스티븐 퍼틱은 그의 책 《선포 기도》에서 "선포 기도란 불가능해 보이는 문제에 대해 하나님의 초자연적인 개입을 요청하는 대담한 기도다"라고 하였다.

태양아 너는 기브온 위에 머무르라 달아 너도 아얄론 골짜기에서 그리
할지어다(수 10:12).

선포 기도는 하나님의 뜻과 계획에 대한 확신을 선포하는 것이
다. 구체적인 목표를 가지고 지속해서 하나님의 뜻을 선포하는 것
이다. 그 음성을 들은 후부터 하나님이 약속으로 주신 것들을 붙
들고 선포하기 시작하였다. 그것은 하나님께로 주어진 음성이요,
그분의 뜻이라는 확신 위에 서 있기 때문이었다. "Declare His
Glory그분의 영광을 선포하라"라는 외침은 하늘에 폭죽을 높이 쏘아 터
뜨리는 광경과 같은 느낌이었다. 로켓이 엄청난 추진력으로 대기
권을 뚫고 우주 공간으로 진입하여 우주를 유영하는 것 같았다.

1986년 네팔에서 선교할 때, 히말라야산맥 서쪽에 있는 사우
스 안나푸르나 베이스캠프를 4일 동안 걸어서 오른 적이 있다. 밤
에 도착한 베이스캠프(높이 4,130미터)에서 안나푸르나 1봉(8,091미
터), 남봉(7,219미터), 3봉(7,555미터) 그리고 강가푸르나(7,454미터)
가 둘러 있는 곳에서 바라본 산과 하늘의 별들은 장관이었다. 하나
님의 영광을 선포하면서 영적 영역에서 느끼는 황홀함이었다. 앞
에서 말한 바와 같이 하나님의 거룩한 산으로 올라가는 영적 여정
에서 이제 베이스캠프에 오른 것이다. 여호수아와 백성들은 하나
님의 음성에 순종하여 여리고 성을 6일 동안 하루에 한 번씩 돌다
가 7일째 되는 날 7번 돈 후에 일제히 크게 소리질러 외치자 여리

고 성이 무너졌다. 이러한 외침은 초자연적인 영역으로의 진입이다. 앞에서 언급한 스티븐 퍼틱은 선포 기도의 5단계를 다음과 같이 말한다.

1. 하나님의 말씀에 "예"라고 대답하라.
2. 하나님의 능력에 의지하여 담대히 요청하라.
3. 인간의 힘으로는 불가능한 일을 구체적으로 구하라.
4. 응답을 기다리며 최선을 다해 행동하라.
5. 이루신 하나님께 모든 영광을 돌려라.

I Love you Lord: 주님을 사랑합니다

감사하는 단계에서 모든 것에 감사함을 느꼈고, 찬송하는 단계에서 기쁨을 경험하였고, 극진히 찬송하는 단계에서 감격을 맛보았고, 하나님의 영광을 선포하는 단계에서 그분 영광의 아름다움을 맛보고 한없는 자유를 얻었다. 그리고 이 모든 것이 병행해서 왔고 그 결과인 감사와 기쁨과 감격과 영광의 아름다움과 자유로움을 지금도 잃지 않고 있다.

그리고 2년이 지났을 무렵 다음 음성이 들려 왔다. 고등학교 1학년 막내딸을 픽업하려고 학교 근처에 차를 주차하고 기다리고 있었다. 그때 나지막이 내 입에서 "I Love You Lord"라는 말이 나왔다. 내 경상도 말투와는 아주 다른 부드럽고 감미롭고 사랑스러운 고백이었다.

미국에 와서 "I love you"를 참 많이 말했다. 아이들에게, 고마운 아내에게 밑천 들지 않고 항상 하던 말이 "I Love you"다. 내 또래의 남자들과는 달리 나는 "I Love You"를 입에 달고 살았다. 주님을 찬양할 때 외에는 진심으로 주님께 "I Love you"를 고백한 적이 없었다. 이는 굴복된 후 불세례로 태워지고 하나님의 영광을 맛보며 그분의 음성을 듣고 순종하는 수년 동안의 훈련 과정에서 나온 자발적인 영의 고백이었다. 어느 정도 연단의 과정에서 믿음의 고백은 오히려 쉬울 수 있다. 그러나 사랑의 고백은 그렇지 않다.

베드로가 "주는 그리스도시요 살아 계신 하나님의 아들이시니이다"(마 16:16)라고 위대한 믿음의 고백을 하고 죽는 데까지 주님을 따르겠다고 결단하였지만, 정작 주님을 부인하고 말았다. 부활하신 주님께서 그런 베드로에게 찾아오셔서 "나를 믿느냐?" 묻지 아니하시고 "나를 사랑하느냐?" 물으셨다. "I Love you Lord"는 그냥 할 수 있는 입술의 고백이 아니다. 하나님과 하나 되는 영의 고백이다. 거룩하신 하나님을 사랑한다고 고백하려면 거룩해야 한다. 그러지 않으면 일방적인 고백이 된다. 짝사랑이다. 세상을, 자기를, 다른 것을 더 사랑하면서 주님을 사랑한다는 것은 거짓 고백이다. "I Love You Lord"를 고백하려면 나의 삶을 모두 주님께 드려야 한다. 섭섭함을 떨쳐버리지 못하고, 감사하지 않고는 할 수 없는 고백이다. 기쁨으로 찬송하지 못하고 감격 가운데 극진히 찬송하지 않고 그분의 영광을 선포하는 단계에 올라가지 않고는 할 수 없는 고백이다. 그러므로 진정으로 "주님을 사랑합니다"를 노래하고 고백하기 위해서는 "그렇게 하게 해주세요. 주님을 사랑하게 해주세요"라고 기도만 하지 말고, 행동으로 옮겨야 한다.

"I Love you Lord"는 산 정상에 오르는 것이다. 거룩하신 하나님과 하나 되는 것이다. 영원히 그분을 사랑하는 단계이다. 진정으로 주님을 사랑해야 그분의 계명을 지킬 수 있다(요 14:15). 그분의 계명을 지키는 자라야 그분을 사랑하는 자다(요 14:21). 주님이 내 안에 내가 주님 안에 거하는 것이 사랑이다(요 14:9). 주님은 우리가 그분 안에서 하나 되기를 기도하셨다. 그분의 사랑 안에서 하나님의 영광을 우리에게 보여 주시기 원하셨다.

아버지여, 아버지께서 내 안에, 내가 아버지 안에 있는 것 같이 그들도 다 하나가 되어 우리 안에 있게 하사 세상으로 아버지께서 나를 보내신 것을 믿게 하옵소서 내게 주신 영광을 내가 그들에게 주었사오니 이는 우리가 하나가 된 것 같이 그들도 하나가 되게 하려 함이니이다 곧 내가 그들 안에 있고 아버지께서 내 안에 계시어 그들로 온전함을 이루어 하나가 되게 하려 함은 아버지께서 나를 보내신 것과 또 나를 사랑하심 같이 그들도 사랑하신 것을 세상으로 알게 하려 함이로소이다 아버지여 내게 주신 자도 나 있는 곳에 나와 함께 있어 아버지께서 창세 전부터 나를 사랑하시므로 내게 주신 나의 영광을 그들로 보게 하시기를 원하옵나이다(요 17:21-24).

"I Love You Lord"는 '산 정상의 경험'이다. 모세가 시내산에서 하나님의 영광을 본 것과 세 제자가 변화산에서 예수님의 변화된 모습을 본 것과 같다. 거룩한 지성소에 들어가는 것이며, 타락 이전 에덴동산으로 돌아가는 것이다. 창세 전부터 영광의 임재에 삼켜져 그분과 하나 되는, 이 땅에서 고백하는 가장 높은 영적 단계의 고백이다.

지성소로 들어가라

8월 중순부터 6개월 동안 불세례는 계속되었다. 그 기간의 여정이다.

2005년 11월 11일

교수 청빙을 받고 하나님께서 하실 새 일의 소명을 위한 불세례 가운데 있기 때문에 가지 못할 것을 알면서도 순종하면 어떤 일이 일어나는지 알려 달라고 기도하고 잤다. 항상 그러듯 새벽꿈에 20층 흰색 빌딩을 보여 주시면서 30년 동안 기도한 회복된 교회의 모습이라고 알려 주셨다. 나중에 이 꿈이 엄청난 부흥이 한꺼번에 일어나 호텔과 컨벤션 센터가 교회가 되는 미래적 약속을 보여 주신 것임을 알았다.

2005년 11월 14일

이사야서 31장을 보여 주시면서 도움을 구하러 애굽으로 내려 가지 말라. 애굽은 사람이요 그 말들은 육체이나 만군의 여호와가 강림하여 시온산과 그 영 위에서 싸울 것이라고 하셨다.

도움을 구하러 애굽으로 내려가는 자들은 화 있을진저(1절).

애굽은 사람이요 신이 아니며 그들의 말들은 육체요 영이 아니라 (3절).

이와 같이 나 만군의 여호와가 강림하여 시온 산과 그 언덕에서 싸울 것이라(4절).

그의 반석은 두려움으로 말미암아 물러가겠고 그의 고관들은 기치로 말미암아 놀라리라 이는 여호와의 말씀이라 여호와의 불은 시온에 있고 여호와의 풀무는 예루살렘에 있느니라(9절).

무너져 내림과 불세례 가운데 있을 때 "뒤로 돌이키지 말라. 사람을 의지하지 말라"고 하셨다. 하나님이 대신 싸우실 것이라는 말씀이다. 불과 풀무가 시온에 있고 예루살렘에 있다 하셨다. 내 몸의 성전에 지성소가 있고, 그 영광이 거하는 지성소는 불을 통과해야 들어간다고 가르쳐 주셨다.

2005년 11월 17일

팔 안쪽이 따갑다. 새벽꿈에서 병마를 꾸짖고 치유를 선포하였다. 예수 그리스도의 이름으로 치유를 선포하고 병을 고치는 내 모습을 보았다. 이는 치유 사역을 위해 믿음을 돋우는 꿈이다. 내적 치유와 선포 기도 사역에 대한 것이다. 치유 사역은 선포 기도라는 것을 알게 하셨다.

2005년 11월 18일

저녁 8시쯤 찬양 사역을 하는 40대 중반의 목사님이 전화로 기도 부탁을 했다. 영적 전쟁이 너무 심해 죽을 것 같다는 것이다. 한국 사람인 그는 미국 교회에서 4년 동안 목회하다가 어려움 때문에 쉬는 중이었고, 마귀의 공격으로 자살까지 시도했었다. 전화를 받고 "목사님을 위해 오늘 밤 7시간 동안 기도할게요"라는 생각지도 못한 말을 하고 말았다. 살면서 나를 위해서 어떤 문제 때문에 두세 시간 기도한 적이 없는 내가 남을 위해 7시간 기도하겠다니 내 말을 내가 의심할 정도였다.

하지만 하나님의 불과 영광의 초자연적인 영역에서 꿈과 환상이 쏟아져 내려오고, 하나님의 음성이 들려오고, 또 입술이 열리면서 생각지도 못한 선포가 나오던 때라서 내 생각이나 말실수는 아니었다. 밤 9시부터 자정까지 3시간 기도하고, 새벽 3시에 일어나 2시간 기도하였다. 이렇게 5시간을 기도했을 때, 입에서 터져 나온 영적 발성이 있었다. "성소로 들어가라. 지성소로 들어가라. 작곡하라고 하라." 아침에 2시간 더 기도해서 7시간을 채우려고 할 때 응답이 임한 것이다. 그래서 산책하는 중에 전화로 알려 주었다. 목사님은 무슨 말씀인지 알겠다고 하였다.

그는 수천 명이 모이는 집회에서 기타와 키보드를 연주하며 찬양하던 사역자이다. 피아노를 치면 정말 하나님의 신에 감동된 것처럼 엄청난 기름 부음이 있었다. 그런데 결혼이 늦어지고 결혼을 약속한 여자 집안의 반대와 중단된 사역으로 인해 낙심할 때 성령의 기름 부음이 떠나버렸다. 손가락을 움직이지 못할 정도로 심한 우울증까지 앓고 있었다. 한때는 하나님 영광의 지성소 영역에서 찬양하던 그가 낙심하자 하나님의 영이 나를 통해 그에게 은혜의 자리로 돌아가라고 말씀하신 것이다. 하나님께서 그에게 작곡하라고 하셨는데 순종하지 않았다고 했다. 이 일 후에 연락이 끊어졌다가 몇 년 후에 다시 만났다. 그는 3년 동안 기도원에 들어가 은혜를 회복하고 작곡까지 했다는 이야기를 전해 주었다.

우리의 생각은 얕고 연속적이지도 않다. 그러나 하나님의 생각은 깊고 연속적이다. 전날 내적 치유 사역, 선포 기도 사역에 대한 꿈을 주시고, 다음날 그렇게 하도록 훈련하신 것이다. 마귀의 강한 공격으로 자살할 수 있는 상하고 낙심한 영혼을 위해 기도하고, 영적 발성을 통해 선포하게 하심으로 치유하신 것이다. 그리고 깨닫게 하신 것은 지성소의 영역, 곧 영광의 영역에서 초자연적인 하늘의 곡조를 듣고 경배 찬송을 작곡할 수 있다는 사실이다. 찬양은 영적 전쟁에서 기도보다 더 강력한 무기이다. 그가 하나님의 신에 감동되어 찬양하면 수많은 사람에게 많은 은혜를 끼쳤는데, 마귀가 찬양하지 못할 환경으로, 기름 부으심을 빼앗아 죽음의 유혹으로 이끌어 간 것이다. 그러나 다시 한번 "지성소의 영역으로 들어가라. 작곡하라"는 하나님의 음성을 듣고 회개하고 은혜를 회복한 것이다.

찬양과 경배는 전능하신 하나님 앞에서 외롭고 고통스러운 영혼이 치유 받을 뿐만 아니라, 마귀를 대적하는 강력한 무기이다. 우리는 믿음의 시련을 찬양으로 이겨내야 한다. 요셉과 다윗은 버림 받은 쓰라린 감정과 실패, 자기를 괴롭히는 대상에 대한 분노 대신 찬송을 통해 인생 역전을 이루었다. 그러므로 과거의 모든 쓰라림, 분노, 상실감, 적대감, 근심과 걱정을 버리고 감사함으로 성소로 들어가고, 찬송과 기쁨으로 지성소로 들어가야 한다. 연합으로 찬송하는 것은 영적 저장고의 큰 무기이다. 앞으로는 영적 전쟁이 더 심할 것이다. 그러나 전쟁은 여호와께 속했고 우리가 하나님을 신뢰하여 그분을 찬송하고 선포하면 하나님께서 대적을 우리 손에 붙이실 것이다.

> 또 여호와의 구원하심이 칼과 창에 있지 아니함을 이 무리에게 알게 하리라 전쟁은 여호와께 속한 것인즉 그가 너희를 우리 손에 넘기시리라 (삼상 17:47).

원수의 공격은 이전보다 더 강력하고 영적 전쟁은 더 치열할 것이다. 우리는 더욱더 감사와 기쁨으로 성소로 들어가고, 찬송과 경배함으로 지성소로 들어갈 것을 선포하자. 적으로부터 구원하는 감사의 영을 소유하고 주님께로 밀고 들어가면, 약속과 축복의 충만함으로 들어가게 될 것이다. 우리가 원수에게 취한 탈취물로 인해 기쁨의 노래를 작곡하게 될 것이다.

> 감사함으로 그의 문에 들어가며 찬송함으로 그의 궁정에 들어가서 그에게 감사하며 그의 이름을 송축할지어다(시 100:4).

> 여호와여 내가 주를 높일 것은 주께서 나를 끌어내사 내 원수로 하여금 나로 말미암아 기뻐하지 못하게 하심이니이다(시 30:1).

> 주의 성도들아 여호와를 찬송하며 그의 거룩함을 기억하며 감사하라 그의 노염은 잠깐이요 그의 은총은 평생이로다 저녁에는 울음이 깃들

일지라도 아침에는 기쁨이 오리로다(시 30:4-5).

주께서 나의 슬픔이 변하여 내게 춤이 되게 하시며 나의 베옷을 벗기고 기쁨으로 띠 띠우셨나이다 이는 잠잠하지 아니하고 내 영광으로 주를 찬송하게 하심이니 여호와 나의 하나님이여 내가 주께 영원히 감사하리이다(시 30:11-12).

아빠가 죽으라

2005년 11월 19일

배관공이었던 스미스 위글스워스는 48세 때 불을 받고 1900년대 초 전 세계에 불을 붙이는 도구로 사용되었다. 그는 현대판 믿음의 사도로 불렸고, 그의 집회에서 수많은 병자가 눈을 뜨고, 말을 하고, 휠체어에서 일어나 걸었으며, 19명의 죽은 사람이 살아났다고 전해진다. 신유 사역자, 복음 전도자, 예언자였던 그는 오순절 운동과 은사 운동에 지대한 공헌을 하였다. 믿는 이들에게 보여 준 본보기와 영향력은 오늘날까지 계속되고 있다.

스미스 위글스워스의 두 번째 책 《기름 부으심》 번역을 시작하였다. 그의 다른 책 《병 고침》을 번역할 때 나는 불세례 속에 있었다. 피부와 근육과 핏줄에까지 불이 들어갔을 때였다. 불의 열기가 배가 되어 머리가 어지럽고 견디기 힘들 정도로 불덩이 상태였다.

2005년 11월 20일

팔 안쪽과 오른쪽 무릎, 다리 정강이에 불이 타오른다. 기도와 찬양을 쉬지 않고 할 수밖에 없다.

2005년 11월 22일

팔 안쪽과 귓바퀴, 가슴과 어깻죽지가 계속 뜨겁고 따갑다. 성령의 임재 속에 머무르기 위해 지속적인 자기 부인과 회개를 통한 내려놓기를 훈련 중이다. 자기의 일을 쉬는 것이다. 그만두는 것이다.

이미 그의 안식에 들어간 자는 하나님이 자기의 일을 쉬심과 같이 그도 자기의 일을 쉬느니라(히 4:10).

하나님의 능력으로 일하기 전에 먼저 내 노력을 내려놓는 것이다. 가슴에 불이 온다. 하나님의 은혜를 느낀다. 하나님의 광채이다.

그중에 이 세상의 신이 믿지 아니하는 자들의 마음을 혼미하게 하여 그리스도의 영광의 복음의 광채가 비치지 못하게 함이니 그리스도는 하나님의 형상이니라(고후 4:4).

그러면 거기에 들어갈 자들이 남아 있거니와 복음 전함을 먼저 받은 자들은 순종하지 아니함으로 말미암아 들어가지 못하였으므로(히 4:6).

정말 마음에(가슴에) 이 빛이 비치고 있다. 하나님의 형상으로 빚으시기 위한 것이다.

우리가 이 보배를 질그릇에 가졌으니 이는 심히 큰 능력은 하나님께 있고 우리에게 있지 아니함을 알게 하려 함이라(고후 4:7).

이 불이 하나님 영광의 빛이다. 이 불과 영광의 빛이 결국 하나님의 능력으로 나타나는 것이다. 질그릇 같은 내 안에 불과 빛(영광의 광채)을 담게 하셔서 하나님 능력의 도구로 삼으시려고 가슴에 불을 주시는 것이다.

2005년 11월 24일
다리, 가슴, 팔이 뜨겁다. 이런 은혜를 주신 하나님께 눈물 나도록 감사하다. 오늘은 미국 추수감사절이다.

2005년 11월 25일
새벽꿈에 고구마와 고구마 줄기가 보이며 "거마를 먹으라"는 음성이 들렸다. 거마는 큰 고구마를 말한다. 고구마에서 순이 나고 줄기가 자라 그 줄기를 잘라 심으면 가을에 고구마를 수확할 수 있다. 열매 맺는 것을 상징하는 것 같다. 거대한 열매를 말하는 것 같다.

2005년 11월 26일

가슴과 팔이 따갑다. 새벽꿈에 큰 건물에 학생들이 가득하다. 학교인 것 같다. 킹덤 빌더즈 대학인가?

2005년 11월 27일

주일이다. 파사데나의 세계 선교 센터와 윌리엄 케리 대학 선교사 숙소에 머물고 있다. 그래서 캠프 내에 있는 모자익 교회 예배에 참석했다. 20~30대 젊은이들이 대부분이다. 설교 말씀은 이사야서 26장 17−19절이다. 나에게 주시는 말씀 같다.

여호와여 잉태한 여인이 산기가 임박하여 산고를 겪으며 부르짖음 같이 우리가 주 앞에서 그와 같으니이다 우리가 잉태하고 산고를 당하였을지라도 바람을 낳은 것 같아서 땅에 구원을 베풀지 못하였고 세계의 거민을 출산하지 못하였나이다 주의 죽은 자들은 살아나고 그들의 시체들은 일어나리이다 티끌에 누운 자들아 너희는 깨어 노래하라 주의 이슬은 빛난 이슬이니 땅이 죽은 자들을 내놓으리로다.

그동안 부르짖고 고통 중에도 구원을 베풀지 못했고 사람을 생산하지 못하였다. 그러나 이제 주 안에서 죽으면 살아날 것이다. 죽은 자도 부활할 것이다. 나의 존재는 아무것도 아니다. 티끌이다. 깨어서 노래하고 주님을 찬양하면 주의 빛난 이슬로 땅이 죽은 자를 내어놓을 것이다. 내가 주의 이슬 같은 은혜를 머금으면 생명을 구원하는 삶으로 쓰임 받게 될 것이다.

오전 예배 후, 오후 내내 집에서 번역을 했다. 단독 주택이지만 1층에 있는 방 세 개만 우리 가족이 쓰고, 2층은 다른 가족이 사용하고 있다. 온종일 2층에서 들리는 소음이 너무 심했지만 참았다. 범사에 감사하라. 기쁨으로 찬송하라. 성령이 충만하면 범사에 감사할 것이다. 그런데 너무 화가 났다. 아직도 충만하지 못하다는 증거이다.

2005년 11월 28일

꿈에 아내 사라와 막내딸 베키가 나왔다. 시간이 늦었는데도 베키는 학교에 갈 생각을 하지 않았다. "왜 학교에 안 가니?" 묻자, 그때 간다고 나갔다. 아내에게 "둘 다 죽을까?"라고 하자, 베키가 돌아와서 "아빠가 죽으라"고 말하였다. 그렇다. 내가 죽어야 한다. 전날 신경질을 내지는 않았지만, 내 속에 있는 신경질까지 다스리라는 교훈을 꿈으로 주신 것이다. 티끌 같은 내가 죽어야 한다. 그래야 산다. 그래야 쓰신다. 나사로가 죽은 지 나흘 되었을 때, 주님은 말씀하셨다. "나사로야, 나오너라."

나의 보좌와 너 사이에 아무것도 두지 마라

2005년 11월 29일

새벽에 전화벨이 울렸다. 한국에 있는 동생에게 온 전화였다. 대학 총장의 부탁으로 한 전화였다. 동생은 "형님 한국에 못 나온다고, 교수로 올 수 없다고 전할까요?"라고 하였다. 하나님의 음성을 들었고 불세례와 하나님의 영광을 체험했으며, 하나님께서 새로운 일에 대한 삶의 목적을 보여 주셔서 갈 수 없다고 말할 수는 없었다. 이미 못 간다고 했음에도 12월 9일까지 한 번 더 생각해 보라는 것이다. 구체적으로 장래 일을 보여 주셨지만, 현재는 아무 보장도 없다. 그래서인지 한편으로는 미련이 조금 남아 있었다. 그때 하나님의 음성이 들렸다. "나의 보좌와 너 사이에 아무것도 두지 마라." "너는 나 외에는 다른 신들을 네게 두지 말라"고 하신 십계명 중 제1계명 같은 말씀을 나에게 하신 것이다. 다른 생각을 추호도 하지 말라는 것이다. 뒤돌아보지 말라는 것이다. 나를 믿으라는 것이다. 아담이 혼자 하나님과 있을 때는 그사이에 아무것도 없었다. 여자와 뱀이 개입했을 때 하나님과 간격이 벌어졌다. 지금은 오직 하나님을 체험하는 시간이요, 오직 그분과의 친밀감, 곧 연합을 추구하라는 말씀이다. 두 마음을 품지 말라는 말씀이다. 그냥 믿으라는 것이다.

그리고 어깻죽지와 가슴과 팔에 따가움과 뜨거움을 주셨다. 오른쪽 무릎과 손등이 찌릿찌릿하다. "오직 믿음"이라고 하셨다. 사람의 지혜로 가르치지 말고 오직 성령이 가르치는 대로 하라고 하신다. 종은 주인이 가라 하면 가고, 오라 하면 온다고 하신다. 하나님의 생명과 능력의 통로, 생수의 강 통로로 삼으시겠다고 하신다.

"소리치라. 승리는 너의 것이다. 성벽이 높아도 무너져 내릴 것이다. 도시를 취하라"고 하신다. 이것이 현재 어려운 삶과 무슨 관계가 있을까 생각할 겨를도 반문할 틈도 없이 "깊은 동정심은 결코 실패하지 않는다. 나의 능력과 임재가 영원히 떠나지 않는다. 정결이 열쇠이다. 기다리는 것이 아니라 내가 이미 왔다. 네 노력과 일을 그만두어라. 내가 너를 준비시킬 것이다"라고 말씀하신다.

나에게는 선택의 여지가 없다. 나에게 생각할 틈을 주지 않으신다. 얼굴과 얼굴로 보자고 하신다. 고개를 돌릴 수도 눈길을 피할 수도 없다. 겨드랑이와 팔 아래, 목 주위와 가슴이 간지럽고 따갑다. 하나님의 불이 나를 놓아주지 않는다. 눈물 나도록 감사하다. 섭섭함이 자리 잡을 수 없도록 일대일의 관계를 맺자고 하시는 창조주 하나님의 관심과 사랑 때문이다.

깊은 동정심은 실패하지 않는다

2005년 11월 30일
어깻죽지, 가슴, 팔이 뜨겁고 따갑다. '뜨거움은 사랑이다'라는 감동이 온다. 하나님이 나를 사랑하시는 것이다. 그리고 그 사랑을 다른 사람에게 전달하게 하신다. 저녁에 외국 청년들과의 기도 모임이 있었다. 그날따라 몸이 더 뜨거웠는데 자매들이 기도 부탁을 했다. 가볍게 어깨에 손을 얹고 기도했는데 엎드려졌다. 뜨거움은 사랑이다.

미국에서는 만 18세가 되면 독립해야 한다. 융자로 집을 구하기도 하고, 비용을 아끼기 위해 룸메이트와 집을 같이 쓰고, 아르바이트해서 학비를 조달한다. 어렵고 힘든 생활 속에서 하나님을 의지하며 산 그들에게 뜨거움이 임하자 무너져 내린 것이다. "깊은 동정심은 결코 실패하지 않는다 Compassion Never Fails"라는 말이 내 입술에서 나왔다. 그렇다. 불쌍히 여기는 마음이 예언 사역과 치유 사역의 기본자세이다. 주님은 가난하고 병든 자들을 불쌍히 여기셨다. 불은 사랑이다. 마지막 때에 아비의 마음을 자녀에게, 자녀의 마음을 아비에게 돌리기 위해 아버지의 마음, 사랑의 마음을 우리에게 부어 주신다. 그것이 불이다.

보라 여호와의 크고 두려운 날이 이르기 전에 내가 선지자 엘리야를 너희에게 보내리니 그가 아버지의 마음을 자녀에게로 돌이키게 하고 자녀들의 마음을 그들의 아버지에게로 돌이키게 하리라 돌이키지 아니하면 두렵건대 내가 와서 저주로 그 땅을 칠까 하노라 하시니(말 4:5-6).

나를 무너지게 하심은 사람들을 가로막고 힘들게 하는 장벽을 무너뜨리는 기름 부으심을 주시기 위해서다. 하나님의 불과 영광, 그분의 생명과 능력, 생수의 통로가 되게 하신다.

명절 끝날 곧 큰 날에 예수께서 서서 외쳐 이르시되 누구든지 목마르거든 내게로 와서 마시라 나를 믿는 자는 성경에 이름과 같이 그 배에서 생수의 강이 흘러나오리라 하시니(요 7:37-38).

하나님께서 말씀해 주셨다. "승리는 너의 것이다. 성벽이 높아도 무너져 내릴 것이다. 도시를 취하라. 묶고 푸는 권세를 너에게 주었다. 영원히 나의 능력과 임재가 떠나지 않는다. 정결함이 열쇠다. 기다리는 것이 아니다. 내가 이미 왔다. 왜냐하면 내가 너와 하나이기 때문이다."

너는 도시의 군대니라

2005년 12월 2일

겨드랑이 밑이 찌릿하다. 가슴, 팔 안쪽과 옆, 목 주위, 가슴이 스멀스멀 간지럽고 뜨겁다. 하루 종일 몸과 마음이 공중에 떠 있는 것 같다. 앞쪽 정강이, 다리, 목 앞쪽 전체가 뜨겁다.

환상 중에 넓은 공터가 보였다. 쇠 파이프로 만든 우리 안에

200여 명의 벌거벗은 사람들이 쇠창살 사이로 팔을 내밀며 살려 달라고 아우성치고 있었다. 울면서 달려가서 오른쪽 허리춤에서 열쇠를 꺼내 자물쇠를 열어 갇힌 사람들을 나오게 했다. 그런데 200여 명의 사람들이 다 나오자마자 그 넓은 공터에 똑같은 200개의 우리가 순식간에 나타났다.

우리에 갇힌 200여 명의 사람이 한꺼번에 아우성치는 모습을 보고 이 많은 사람을 어떻게 할까? 어찌할 바를 몰라 멍하니 서 있었다. 먼저 나온 사람들이 쏜살같이 달려오더니, 내 오른쪽 허리춤에서 열쇠를 하나씩 가지고 가서 200개의 우리를 다 여는 것이다. 순식간에 우리에 갇힌 4만 명의 사람이 해방되었다. 그 순간 하나님의 감동이 임하면서 "너는 도시의 군대니라"는 음성이 들렸다. 하나님의 영이 임하면 영과 육에 해방이 오고, 해방 받은 사람들을 통해 다른 사람들을 해방하는 기름 부음이 전달되는 것이다. 하나님께서 오늘날 억압 받고 갇힌 수많은 사람을 해방하기 위해 도시의 군대를 일으키신다.

내가 기뻐하는 금식은 흉악의 결박을 풀어 주며 멍에의 줄을 끌러 주며 압제 당하는 자를 자유하게 하며 모든 멍에를 꺾는 것이 아니겠느냐(사 58:6).

주 여호와의 영이 내게 내리셨으니 이는 여호와께서 내게 기름을 부으사 가난한 자에게 아름다운 소식을 전하게 하려 하심이라 나를 보내사 마음이 상한 자를 고치며 포로된 자에게 자유를, 갇힌 자에게 놓임을 선포하며 여호와의 은혜의 해와 우리 하나님의 보복의 날을 선포하여 모든 슬픈 자를 위로하되(사 61:1-2).

시편 68편 1절

2005년 12월 3일

새벽에 "시편 68편 1절"을 외치며 일어났다. 흔치 않은 경험이다. 한참 지난 후에 알게 된 것은 이는 '영적 발성Spiritual Utterance'이라는 하나님 음성의 한 분류였다. 하나님께서 의사전달의 방편으로 꿈을 주시는데, 꿈의 내용이 중요하고 강렬하면 한 문장으로 요약해서 크게 소리치게 하시는 것이다. 이전에도 비슷한 경험을 한적이 있다. 수년간 한 달에 한 번 정도 이러한 영적 음성을 들었다. 주변에서 이런 경험을 한 사람들을 찾을 수 없었고, 설명해 주는 책도 없어서 한동안 궁금했었다. 우연히 꿈 해석에 관한 글을 읽다가 '영적 발성'이라는 것을 알게 되었다. 하나님과의 친밀하고 깊은 영적 관계와 아주 예민하고 각성한 단계에 있을 때 들려오는 하나님의 음성이다.

꿈은 구약에서뿐만 아니라 지금도 하나님의 뜻을 전달하는 가장 보편적인 방법이다. 그런 관점에서 하나님의 음성이 꿈으로 가장 많이 전달되는 것이다. 하나님의 말씀을 사람의 육체와 정신이 자고 있을 때 영에 인 치듯이 교훈하시는 것이다.

하나님은 한 번 말씀하시고 다시 말씀하시되 사람은 관심이 없도다 사람이 침상에서 졸며 깊이 잠들 때에나 꿈에나 밤에 환상을 볼 때에 그가 사람의 귀를 여시고 경고로써 두렵게 하시니 이는 사람에게 그의 행실을 버리게 하려 하심이며 사람의 교만을 막으려 하심이라(욥 33:14-17).

꿈을 통해 영에 주어진 하나님의 음성(교훈)이 깰 때 우리 정신(의식)의 방으로 옮겨오고 그 꿈을 기억하게 된다. 그러나 기록하지 않으면 잊어버릴 수 있다. 하나님께서 꿈으로 말씀하시는 단계에 있는 사람들은 반드시 기록해야 한다.

첫째는 하나님께서 일대일로 그분의 뜻을 전하는 방법(음성)이기 때문이다. 둘째는 그것을 통해 교정되고 가르침을 받고 진리로 인도되기 때문이다. 셋째는 꿈은 반복성과 연속성이 있다. 연결되어 자신을 향한 하나님의 큰 뜻을 알게 되기 때문이다. 당장에는 그 뜻을 알지 못해도 나중에라도 알 수 있다. 그래서 기록하는 것이 중요하다.

첫 영적 발성은 내가 알지 못하는 성경 구절로 주어졌기 때문에 하나님이 주신 음성이라는 것을 추호도 의심하지 않았다. 성경을 찾아보니 시편 68편 1절이었다. "하나님이 일어나시니 원수들은 흩어지며 주를 미워하는 자들은 주 앞에서 도망하리이다." 다윗이 자기를 괴롭히는 많은 원수와 대적들을 하나님께서 직접 물리쳐 달라고 한 기도였다. 아마도 영적 공격으로 어려움을 겪고 여러 사람을 위해 기도하고 있어서 그런 것 같다. 그들이 감당 못 하는 공격을 하나님께서 물리쳐 주신다는 것을 알게 하신 것이다.

얼마 전에 같은 영적 발성으로 "성소로 들어가라. 지성소로 들어가라. 작곡하라고 하라"고 소리친 적이 있고, 아침에 깨면서 "6억"이라고 소리친 적이 있다. 이러한 음성은 그 의미를 당장 알게 되는 경우도 있고, 도무지 무슨 의미인지 알 수 없는 경우도 있다. 그러나 영적 발성은 사람의 생각이 아니기 때문에 매우 중요하다. 이것은 낮에 천둥소리처럼 '들리는 음성Audible Voice'과 강도가 같다고 볼 수 있다. 들리는 음성이 크게 들리는 것처럼, 영적 발성도 크게 소리치는 경우가 대부분이다. 하나님의 뜻을 하나님 자신이 지시하시고 선포하시는 것이다. 아주 중요한 일을 말씀하시는 것이며, 또 어려운 일에 관한 것이기에 강력한 방법으로 말씀하셔서 잊지 않게 하시려는 것이다.

야곱이 잠이 깨어 이르되 여호와께서 과연 여기 계시거늘 내가 알지 못하였도다 이에 두려워하여 이르되 두렵도다 이 곳이여 이것은 다름 아닌 하나님의 집이요 이는 하늘의 문이로다 하고(창 28:16-17).

물렀거라. 왕이 납신다

2005년 12월 5일

어제는 온종일 어깨와 다리가 찌릿찌릿하고 위 가슴과 팔이 후끈후끈하더니 오늘은 정강이와 팔꿈치가 뜨겁다. 기도가 나왔다. "하나님의 사역을 위해 준비되게 하소서. 어디서나 말씀하옵소서. 생명을 구원할 수 있도록…." 주님은 사람들 속에서 그들의 사정을 듣고 문제를 해결해 주셨다. 눈물이 났다. 진정으로 그렇게 되기를 원했다.

음식을 먹는데 갑자기 "예수님이 왕이시다. 엎드려 절하세"라는 내적 음성이 들려 왔다. 1985년 네팔 선교지에 있을 때가 생각났다. 처음 네팔에 갔을 때는 영어도 잘하지 못하였다. 네팔 교인의 초대로 고급스러운 전통음식점에 갔다. 처음 접하는 음식들이지만, 대체로 입맛에 맞고 맛도 있어서 모처럼 과식하였다. 그런데 네팔 교인이 계속 음식을 권했다. 사양한다는 영어 표현을 몰라서 목에 손을 대고 "목까지 찼어요"라는 몸짓을 했는데도 큰 접시에 나온 음식을 더 먹으라는 것이다. 그래서 두 손을 흔들며 배를 두드리고 목에 손을 대고 "노 노" 하며 못 먹는다는 표정을 지었다. 그런데도 현지인은 이 음식은 반드시 먹어야 한다는 것이다.

아무리 뱃속에 음식이 가득 차도 이 음식이 들어가면, 다른 음식들이 뒤로 물러가고 가운데에 자리를 만들어 준다는 것이다. '네팔 음식의 왕'이라고 하였다. 왕이 들어가면 먼저 들어간 음식들이 왕의 자리를 내어주고 그 앞에 엎드린다는 것이다. 결국 먹었고 그 음식은 요구르트 같은 후식으로 소화를 돕는 기능이 있었다. 그래서 네팔 음식의 왕이라고 한 것이다.

예수님은 우리의 왕이시다. 그분이 우리 가운데 좌정하시면 우리 속에 있는 모든 거짓과 위선, 교만과 악독, 각종 죄악과 온갖 정욕들이 물러간다. 생각 속에, 나의 삶 전체에 날마다 예수님을 왕으로 모셔야 한다. 엎드려 절하자. 그분의 다스림을 받자. 그래야 평화가 있다. 그래야 병균도 들어오지 못한다.

왕이신 나의 하나님이여 내가 주를 높이고 영원히 주의 이름을 송축하리이다(시 145:1).

시온아 여호와는 영원히 다스리시고 네 하나님은 대대로 통치하시리로다 할렐루야(시 146:10).

예수 우리 왕이여 이곳에 오소서
보좌로 주여 임하사 찬양을 받아 주소서
주님을 찬양하오니 주님을 경배하오니
왕이신 예수여 오셔서 좌정 하사 다스리소서

2005년 12월 6일

팔 주위를 더운 기운이 휘돌아간다. 정강이와 무릎에 불이 있다.

2005년 12월 7일

팔다리와 가슴에 더운 기운이 휘몰아쳐 간다. 팔 안쪽도 뜨겁다. 더욱 하나님으로 충만해져야 한다. 흘러넘쳐야 한다. 나는 더욱 굴복되고 영광을 주님께 돌려야 한다. 장 목사님의 마음을 헤아리지 못하고 섭섭하게 한 것을 회개하였다. 주님께 넓은 마음을 구했다. 불이 목 주위를 감싼다. 불은 태우는 것이다. 목이 뻣뻣하지 않도록, 완고하고 교만하지 않도록 태우시는 것 같다.

2005년 12월 9-10일

은혜 기도원에 갔다. 그동안 매일 묵상 기도 중심이었는데, 모처럼 간청하는 기도를 드렸다. 떼쓰는 가난한 과부의 청원 기도이다.

안식하라. 너의 일을 그만두라

2005년 12월 14일

"안식하라. 너의 일을 그만두라. 사역하지 않는 것에 대해 미안한 마음이나 죄스러운 마음을 갖지 말라"고 하신다. 자기 일을 쉬는 것이 안식이라고 하신다.

이미 그의 안식에 들어간 자는 하나님이 자기의 일을 쉬심과 같이 그도
자기의 일을 쉬느니라(히 4:10).

하나님은 엿새 동안 천지를 창조하시고 일곱째 날 안식하셨다.
최초의 인간 아담은 여섯째 날 지음을 받고 제일 먼저 안식을 배웠
다. 그리고 일을 했다. 일이 먼저가 아니고 주님과의 안식이 먼저
다. 안식 없이 일을 먼저 하는 것은 세상의 순서이지, 창조 질서가
아니다. 주님의 일을 할 사람들은 주님 앞에서 안식하는 것을 배워
야 한다. 성령께서 우리에게 역사하는 장소가 어디인지, 우리의 일
은 우리에 의해서가 아니며, 우리에게 소유되지 않고 하나님에게
전적으로 소유된 것을 아는 순간과 그 장소가 어디인지를 발견하
는 것이 중요하다.

우리의 신앙 여정에는 하나님께서 기다리게 하는 시간과 장소
가 있다. 이런 시간은 하나님께서 우리를 이러한 장소로 잠깐 인도
하셨다는 것을 알지 못하면 고통스러운 시간이 된다. 하나님께서
우리 주위에 벽을 둘러놓으신 것처럼 움직이지 못하게 하기 때문
이다. 모세가 그러했고 요셉이 그러했다. 바울 사도는 주님을 만난
후에 아라비아 광야에서 3년이란 시간을 주님과 함께 지냈다.

처음 불세례와 영광을 경험했을 때, 목사 안수 받은 지 오래되

었고 박사 학위를 받았어도 3년을 꼼짝달싹 못 하게 긴 원통 안에 가두어 두신 때가 있었다. 이 장소에서는 지난날의 모든 경험이 아무 소용이 없다. 하나님께서 아무것도 할 수 없는 상황으로 이끄시고 모든 것을 내려놓기 원하시는 것이다. 대신 기도의 깊은 장소로, 주님과 깊은 교제의 단계로 이끄신다. 여기에서 우리의 외적 성품을 깨뜨리시고 내적 성품을 세우신다. 하나님께서 우리 안에 새로운 일을 행하시는 것이다.

결국 주님 안에서 안식하고 내 안에 계시는 주님이 일하실 수 있도록 내어 드리는 훈련의 시간이다. 내가 하나님의 일을 하는 것이 아니라, 하나님께서 나를 사용하실 수 있도록 비워 드리는 것이다. 그래서 "안식하라. 너의 일을 그만두라"고 하신 것이다. 나의 종국은 하나님의 시작이다.

내가 진실로 진실로 네게 이르노니 네가 젊어서는 스스로 띠 띠고 원하는 곳으로 다녔거니와 늙어서는 네 팔을 벌리리니 남이 네게 띠 띠우고 원하지 아니하는 곳으로 데려가리라(요 21:18).

보라 이제 나는 성령에 매여 예루살렘으로 가는데 거기서 무슨 일을 당할는지 알지 못하노라 오직 성령이 각 성에서 내게 증언하여 결박과 환난이 나를 기다린다 하시나 내가 달려갈 길과 주 예수께 받은 사명 곧 하나님의 은혜의 복음을 증언하는 일을 마치려 함에는 나의 생명조차 조금도 귀한 것으로 여기지 아니하노라(행 20:22-24).

2005년 12월 15일

"하나님께로 밀고 들어가라. 온 마음으로 하나님을 찾으라. 그
리하면 만날 것이다"라고 말씀하셨다.

2005년 12월 16일

캄보디아에서 선교하는 친구 목사를 마중하러 공항에 갔다. 차
안에서도 마음으로 영으로 기도가 나온다. 특별히 지식의 말씀이
열리도록 기도했다. 필요할 때 은사가 흘러나오도록 준비하고 있
다. 온몸이 오싹하고 전기와 열을 느낀다. 특별히 찬양하면 더하
다. '왜 하나님 영광의 모습을 볼 수 없는가?'라는 생각이 든다. 그
분의 무한한 영광 앞에 우리의 유한한 몸이 서 있을 수 없기 때문
이다. 더욱 그분의 불과 영광에 삼켜져야만 한다. 누군가는 하나님
과 백성들 앞에서 섬기기 위해 그 영광 앞에 서야 하기 때문이다.
대제사장적 부르심이다.

제사장들이 그 구름으로 말미암아 능히 서서 섬기지 못하였으니 이는
여호와의 영광이 하나님의 전에 가득함이었더라(대하 5:14).

사울의 갑옷을 벗어라. 물맷돌을 들어라

2005년 12월 19일

목 주위와 다리가 뜨겁다. 진동이 오고 떨린다. 떨림과 진동은 파루시아, 하나님 임재의 한 방법이다. 오후에 "천지를 창조하신 하나님께서 나에게 말씀하신다"는 사실이 충격으로 다가와 어지러워 서 있기가 힘들었다. 술 취한 것 같은 성령의 임재가 짓눌러 왔다.

2005년 12월 23일

꿈에 신학 교수가 강의하고 있었다. 갑자기 학생 중 한 명이 쓰러졌다. 옆 학생이 붙들고 어쩔 줄 몰라 했다. 교수도 당황하여 어떻게 해보라고 하였다. 내가 붙들고 기도(방언)한 후, 마귀를 쫓아 내고 눈을 뜨게 했다. 옆에 성령 사역을 하는 친구 목사가 서 있었다. 치유 사역에 관한 꿈이다. 병 고치는 것, 마귀를 꾸짖고 내어 쫓는 것은 신학교 교수가 가르칠 수 없는 일이다. 한국에서 목회할 때, 대기업 간부였던 40대 초반의 성도가 생각났다. 그는 좋은 아파트에서 어린 딸들과 아내와 행복하게 살 줄 알았는데 어느 날 위암에 걸려서 한탄하였다. "이렇게 젊은데 내가 왜 죽어야 하나요?" 그때는 병 고칠 능력이 없어서 그와 기도원에 다니면서 복음만 전했다. 그리고 얼마 후 그의 장례식을 치렀다.

무릎 밑이 뜨겁다. 목을 불이 휘감아 돈다. 암은 믿는 자들에게 골리앗과 같다. 그러나 다윗 같은 믿음의 사람이 일어나면 암도 이길 수 있다. 하나님은 전능하시다. 그분은 여호와 라파, 치료자이시다. 킹덤 빌더즈가 "암 센터가 될 것이다"라고 하셨다. 꿈에 마귀를 꾸짖어 쫓아내는 치유 사역을 미리 훈련하신 것이다.

2005년 12월 24일

하나님께서 말씀하신다. "너 하나님의 사람아, 사울의 갑옷을 벗어라." "물맷돌을 들어라." 사울 왕과 이스라엘 군사들은 다윗과 골리앗을 비교하였다. 그러나 다윗은 골리앗과 자신을 비교하지 않았다. 대신 골리앗을 자신이 믿는 하나님과 비교하였다. 그리고 하나님을 의지하였다. 사울과 다윗은 기름 부음의 차원이 다르다. 사울은 한 번, 다윗은 세 번 기름 부음을 받았다. 사울은 훈련 없이 왕이 되었고, 다윗은 혹독한 믿음의 훈련을 통해 왕이 되었다. 사울은 그의 군대를 의지했으나 다윗은 하나님을 의지했다.

여호와는 나의 빛이요 나의 구원이시니 내가 누구를 두려워하리요 여호와는 내 생명의 능력이시니 내가 누구를 무서워하리요(시 27:1).

사울의 갑옷을 벗고 물맷돌을 들라 하신다. 기름 부으심이 능력이다. 이와 같이 영의 사람, 하나님의 사람은 문제와 자신을 비교하지 않는다. 대신 하나님과 비교한다. 그러면 문제는 문제가 되지 않는다. 하나님은 능치 못할 일이 없는 분이다(창 18:14). 믿는 자에게는 능치 못할 일이 없다(막 9:23). 내게 능력 주시는 자 안에서 내가 모든 것을 할 수 있다(빌 4:13).

2005년 12월 25일

길 위의 교회에서 크리스마스 예배를 드렸다. 다 함께 '참 반가운 신도여'를 불렀다. 후렴구 "엎드려 절하세"를 부를 때, 잭 헤이포드Jack Hayford 목사님을 비롯하여 앞에서 찬양하던 목회자들과 장로들, 지도자들이 모두 고개를 숙이며 엎드려 절을 하는 것이다. 처음 보는 광경에 어찌할 바를 몰랐다. 1~4절까지 모두 열두 번 절하는 모습이 사이비 집단 같았다. 손뼉 치고 손을 높이 드는 것까지는 따라 했지만, 고개는 숙여지지 않고 엎드려지지 않았다. 그분은 만 왕의 왕이시다. 오늘은 왕이신 나의 구세주 주님의 탄생을 축하하는 크리스마스 주일이다. 예배와 경배는 엎드려 절한다는 말이 아닌가? 많은 생각을 하게 하는 예배였다.

어느 날 기도 중에 천국 문이 열리면서 하나님 영광의 구름 앞에 바짝 엎드려 절할 수밖에 없던 영적 경험을 하였다. 그 후부터는 엎드려 절하고 있다. 크리스마스가 아니어도 엎드려 절하자. 그분은 가장 높으신 창조주 하나님이시다.

너는 나와 연애하리라

2005년 12월 30일

새벽 5시 20분에 "나는 선한 목자라 선한 목자는 양들을 위하여 목숨을 버리거니와"라는 요한복음 10장 11절 말씀이 내적 음성으로 들려 왔다. 죽어가는 사람을 위해 기도한 것에 대한 격려의 음성인 것 같다. 그러면서 "구하라. 내가 모든 영혼을 네게 주리라"고 하신 음성을 들은 기억이 났다. "하나님께 어려운 것이 있겠는가. 하나님으로 하시게 하라. 너를 비워 하나님으로 하시게 하라. 누가 성령의 능력 안에서 행동을 시작할 것인가"라는 성령의 감동을 주셨다.

사도적 교회의 회복은 첫째, 예언적 리더십의 갱신, 둘째, 담대한 믿음, 셋째, 믿음의 행함을 통해 일어난다. 성령의 감동으로 온 것이 믿어지면 의심치 말고 선포하라. 이것이 예언적 계시적 선포이다. 어린아이처럼 단순한 믿음으로 말하면 이루어진다. 마음으로 믿는다면 무엇이든지 말하는 대로 이루어질 것이다. 그러므로 감히 믿고 감히 말하라. 의심치 아니하면 소유할 것이다. 신유 사역에서도 담대히 "당신은 나을 것이다"라고 선포하라. 그럴 때 하나님이 책임져 주신다. 우리가 성령 안에 있다면 사역을 시작하기 전에 우리 위에 어떤 능력이 임하기를 기다리지 말고, 성령의 능력을 믿음으로 행하라. 능력은 밖에 있지 않고 안에 있다. 안에 있는 믿음으로 말하고 행할 때 밖으로 나타난다.

2006년 1월 12일

왼쪽 무릎 밑과 바깥쪽에 불이 온다. 디모데전서 3장 9절을 주셨다. "깨끗한 양심에 믿음의 비밀을 가진 자라야 할지니." 믿음의 비밀, 경건의 비밀, 하나님의 비밀, 불법의 비밀(살후 2:7), 음녀의 비밀(계 17:5, 15-16)을 알라고 하시는 것 같다. 사랑이 최고라고 하신다. 모든 것을 내려놓고 하나님의 손에 들려져야 한다. 내 비전을 내려놓고 하나님의 비전을 붙들어야 한다. 교회 부흥보다 모든 교회의 회복을 위한 비전과 세계 부흥에 대한 태도를 요구하신다. 아버지의 마음을 가지라고 하신다.

2006년 1월 24일

"나는 너를 가르치기 전에 네가 먼저 나에게로 와서 구하기까지 기다리는 네 하나님이다. 너의 마음이 갈급해졌으니 이제 나의 뜻에 모든 생각을 맡겨라. 내 안에서 쉬라. 나를 신뢰하라."

수고하고 무거운 짐 진 자들아 다 내게로 오라 내가 너희를 쉬게 하리라 나는 마음이 온유하고 겸손하니 나의 멍에를 메고 내게 배우라 그리하면 너희 마음이 쉼을 얻으리니 이는 내 멍에는 쉽고 내 짐은 가벼움이라 하시니라(마 11:28-30).

너희 염려를 다 주께 맡기라 이는 그가 너희를 돌보심이라(벧전 5:7).

"그리하면 너의 마음과 삶이 자유를 얻고 온전해지고 충만해지리라. 기름 부음을 사모하라. 내가 너에게 신선한 능력의 기름을 부어 나의 신부 삼고 너는 나와 연애하리라."

신발을 벗고 앉으라

2006년 1월 28일

미국 예언 사역팀을 통해 예언의 말씀이 주어졌다.

"신발을 벗고 앉으라. 비밀의 장소를 준비해 놓으셨다. 사역 안 하는 것에 대해 미안한 마음을 갖지 마라. 지금은 하나님의 무릎에 앉아 안식하는 때이다. 지도자의 위치다. 개척자다. 다른 동료보다 더 앞으로 나아가기를 원한다. 하나님께서 그만 바라보도록 긴 원통 안에 두셨다. 칼로 마음을 이리저리 찔러 쪼개는 수술을 한다. 엄청난 일이 놓여 있다. 전사다. 영적 전사인데 칼을 잘 쓰는 기술이 있다. 좌우에 날 선 검이다. 거친 면이 있으나 하나님은 마음의 부드러움을 보신다. 하나님의 강력한 전사이다. 칼을 써서 사람들의 마음을 도려낸다. 한 스텝 내밀고 칼을 쓸 때 십자가가 나타난다. 사람이 좋아하는 말을 하지 말고 십자가를 전하라."

2006년 1월 31일

목 주위와 얼굴과 등을 불이 휩쓸며 돌아간다. 하나님께서 기회를 주시면 실패하지 않는다. "아시아인에게 부흥이 일어나 캘리포니아에서 밴쿠버로 올라가고 미국에 새로운 일을 행한다"라고 하신다. 몸에 불이 있다. 혈관에 불이 돌아다닌다. 타는 불이 이제는 뼛속에 들어가 있다. 오른쪽 눈 주위가 불로 인해 아프다. 지나친 염려와 생각이 깨끗해지고 기쁨이 넘쳐난다.

2006년 2월 1~3일

다음의 포지션과 장소를 위해 금식하라고 하셨다.

2006년 2월 5일

주일 아침이다. 무슨 일인지 모르지만 신경질 내고 소리를 질렀다. 저녁에 누우니 등이 뜨겁다. 가슴과 상체가 뜨겁다. 보통 때보다 뜨거움이 심해서 심장이 타들어가는 것 같다. 신경질과 소리 지른 것을 회개하였다. 진동이 1시간 이상 계속되고 온종일 양쪽 팔꿈치와 등이 뜨겁다. 입신할 것 같다. 사모함과 갈망함이 증가한다.

2006년 2월 6일

양쪽 팔과 가슴이 뜨겁다. 어제 저녁부터 기름 부으심이 점점 심해지고 있다. 목 뒤가 따끔따끔하고 가슴이 뜨거워진다. 기도하고 싶다. 낮에도 몸이 뜨겁고 무거워지면 모든 일을 중단하고 기도해야 한다. 오후부터 진동과 뜨거움이 심해서 저녁에는 누워 있었다. 등과 가슴과 팔이 뜨겁다. 이전보다 가슴이 더 오그라지는 것 같다. 뜨거워 눈물이 났다.

악은 모든 모양이라도 떠나라

2006년 2월 7일

새벽 2시 30분이다. 환상 속에서 다음 영적 단계로 가고 싶은 갈망을 보여 주셨다. 방에서 내 뒤에 어리숙하게 보이는 사람이 공중으로 몸이 떠오르고 있었다. 나도 자신을 비워 올라가야겠다고 생각하고 비우니 몸이 떠올라 천장에 닿았다. 그리고 구름 위의 어떤 방으로 들어갔다. 누워 있는 두 사람이 보였다. 누구인지 보기 위해 다가가니 아내와 큰딸 에스더였다. 어리숙하게 보이는 사람은 내가 남보다 낫다고 생각하는 비교 의식이었다. 그 사람은 쉽게 공중으로 떠오르고, 아내와 큰딸도 아무 어려움 없이 그곳에 가 있는데 나는 더디다. 내려놓지 못한 것이다. 나를 내려놓아야 한다. 내 몸에서 무게를 빼야 높은 단계로 올라갈 수 있다. 영적 전진이 아니고 영적 상승이다. 남들과 비교하고 비판하는 영, 시기와 교만의 영을 쫓아내었다. "악은 모든 모양이라도 떠나라"는 음성이 들린다. 동료, 친구 목사들과의 비교 의식이 남아 있음을 보여 주셨다.

아버지의 마음을 달라고 기도하였다. 형제 사이에서 비교하고 높아지고자 하나 아버지의 마음을 가지면 극복할 수 있다고 하신다.

> 너희 중에는 그렇지 않을지니 너희 중에 누구든지 크고자 하는 자는 너희를 섬기는 자가 되고 너희 중에 누구든지 으뜸이 되고자 하는 자는 모든 사람의 종이 되어야 하리라 인자가 온 것은 섬김을 받으려 함이 아니라 도리어 섬기려 하고 자기 목숨을 많은 사람의 대속물로 주려 함이니라(막 10:43-45).

2006년 2월 9일

온종일 양 무릎 밑과 가슴과 팔 주위에 뜨거운 기운이 돌아다닌다. 충전되는 느낌이다. 항상 생명의 강이 흘러나가도록 자신을 비우고 사역을 위해 준비되자. 길거리에서도, 마켓에서도 어디서나 주님이 흘러나가도록 말이다. 마귀의 정체와 궤계 그리고 사람의 깊은 사정, 그들의 갈망과 고통을 알 수 있도록 성령과 교통하자. 묻자. 기다리자. 지금은 주님과의 가장 친밀한 교제의 시간이다.

> 오직 하나님이 성령으로 이것을 우리에게 보이셨으니 성령은 모든 것 곧 하나님의 깊은 것까지도 통달하시느니라 사람의 일을 사람의 속에 있는 영 외에 누가 알리요 이와 같이 하나님의 일도 하나님의 영 외에는 아무도 알지 못하느니라(고전 2:10-11).

여호와의 친밀하심이 그를 경외하는 자들에게 있음이여 그의 언약을
그들에게 보이시리로다(시 25:14).

2006년 2월 10일

새벽 2시 20분과 3시 30분에 깼다. 몸은 잠을 자도 마음은 깨어
있다. 양쪽 팔에 불이 온다. 등과 팔다리가 뜨거워진다. 능력의 충
전이다. 이제부터 하나님께 물어 가야 한다.

내가 잘지라도 마음은 깨었는데 나의 사랑하는 자의 소리가 들리는구
나(아 5:2).

2006년 2월 12일

또 하나의 궁극적 사명과 방향에 대한 강력한 꿈을 주셨다.

부산에서 서울 가는 기차에 동기 목사들과 함께 타고 있었다.
지금은 어떤지 모르겠지만, 예전에는 중간 역에서 3분 정도 정차
하였다. 그러면 가게에서 우동도 사 먹고 간단히 몸도 풀고 하였
다. 그러다 출발 신호가 울리면 기차에 탔다. 대구역에서 내렸다가
기차가 서서히 출발해서 긴 손잡이를 잡고 타려는 순간, 손잡이가
떨어지면서 기차가 떠나는 것이다. 어느새 산모퉁이를 돌아 사라
져 가는 기차를 바라보면서 친구들과 삶은 계란, 과자, 바나나 우
유 등을 먹으면서 이야기하는 재미가 있는데 하는 생각이 들었다.

그것도 잠시 쇠막대기를 땅에 대고 그것에 몸을 맡기자 산을 돌고 강을 건너 들판으로 쏜살같이 달려가는 것이다.

먼지를 날리며 들판을 빠르게 지나가자, 레이싱 카를 몰다가 세워 놓고 커피를 마시던 세 명의 경주자가 고글을 고쳐 쓰고 자기들의 차를 타고 빠른 속력으로 따라오는 것이다. 높은 산 앞에 정지하자 따라오던 경주 차들도 급정거하며 섰다. 높은 산꼭대기를 바라보는 나에게 그중 한 사람이 "지금부터는 어떻게 가냐"고 물었다. "이제부터는 하나님께 물어 가야 한다"고 대답하였다. 이제는 길이 없으니 하나님의 음성을 듣고 가야 한다. 영적 영역의 여정은 하나님의 음성이 인도하신다. 이제는 리프트를 타야 한다. 하나님이 올리신다. "이리로 올라오라"고 하신다. 이제부터는 전진이 아니라 상승이다.

이 일 후에 내가 보니 하늘에 열린 문이 있는데 내가 들은 바 처음에 내게 말하던 나팔 소리 같은 그 음성이 이르되 이리로 올라오라 이 후에 마땅히 일어날 일들을 내가 네게 보이리라 하시더라(계 4:1).

꿈에 본 경주자들은 영적 영역에 관심 있는 젊은 세 목사였고 나중에 만나 교제를 나누었다. 그중 한 목사는 지금까지 같은 길을 가면서 영적 여정의 친구가 되었다. 이 꿈은 내 삶의 목적과 사명, 방향에 관한 것이다. 친구들과의 인간적, 동료적 교제를 끊고 주님과의 친밀한 사랑의 교제로 인도하시기 원하셨다. 그리고 기존 교단의 범주에 속한 옛 가죽 부대에 속하지 않게 하시고 새로운 하나님의 역사를 위해 새 가죽 부대로 준비되게 하셨다. 육신적이고 혼적인 애굽과 광야를 벗어나 약속의 가나안 땅으로 들어가고, 영적인 영역으로 인도하시려는 목적을 보여 주신 것이다. 내가 계획한 일이 아니라 하나님의 시대적인 일을 위해 준비되도록 영적 지도자의 믿음과 성품과 거룩함을 추구하라는 목적을 보여 주신 것이다.

그리고 전적으로 하나님의 계명에 대한 순종과 그분의 약속에 대한 믿음을 갖추게 하셨다. 하나님의 음성을 듣고 성령의 인도하심을 받는 훈련을 통해 거룩하신 하나님의 임재가 있는 높은 산으로 이끄시는 목적의 꿈을 보여 주신 것이다. 주님을 만나러 올라가는 높은 산의 여정은 쉽지 않다. 그러나 내려가는 길은 쉽다. 산에서 내려가면 경기장의 무대가 펼쳐진다는 것을 알게 하셨다. 그 경기장의 무대는 지난 5년간 이미 8차례나 사실이 되었다.

2006년 2월 14일

가슴, 등, 목 주위가 뜨겁다. 무릎과 팔에 불이 온다. 어깨가 무겁고 뻐근하다. 이것은 능력이다.

2006년 2월 15일

어깨에 뜨거움과 묵직함, 무거움이 계속된다. 능력이다. 팔꿈치에 뜨거움이 있다. 꿈 중에 나성수, 박수길 두 이름을 주셨다. 하나님의 계획 속에서 만날 사람들이다. 한 가지 기도제목을 가지고 5~7시간 이상 기도하면 돌파가 일어난다. 하나님의 음성이 들린다.

하나님의 리콜 운동을 하라(1)

2006년 2월 23일 아침 8시 10분경이다. 집으로 들어가기 위해 문고리를 잡는 순간, 오른쪽 하늘 위에서 청천벽력 같은 소리로 "하나님의 리콜 운동을 하라"는 들리는 음성이 들렸다. 그즈음 일상은 새벽 3시에 일어나 2시간가량 묵상과 경배를 하고 1시간 동안 기도와 성경을 읽었다. 그리고 30-40분 정도 산행을 하였다. 올라갈 때는 찬양하고, 내려올 때는 조용히 하나님의 음성을 듣는 훈련을 하였다. 산에서 내려오면서 주님의 음성을 듣기 위해 집중하는 중에 뜻을 알게 되는 통역의 은사를 받았다. 모르는 사람의 아픈 무릎에 대한 치유의 말씀을 듣기도 하였다. 이번에는 꿈속에서의 음성이나 내적 음성이 아닌 밝은 아침에 천둥소리처럼 들려온 음성이었다. "하나님의 리콜 운동을 하라!"

이것이 무엇을 의미하는지 금방 알았다. 목회자들을 한자리에 모은 후 빠져 있는 것을 채워서 다시 파송하라는 말씀이다. 이전에 꾼 사명과 사역에 대한 꿈이 생각났다. 무대는 한국이었다. 3천 명의 목사들이 모인 잠실체육관 같은 곳에서 설교를 마치고 치유 사역을 하고 있었다. 앞에 앉은 부부가 뇌성 마비 딸(8세)을 위해 기도해 달라고 들어 올렸다. 내가 아이를 보면서 "하나님이 너를 사랑하신다. 하나님이 너를 치료하신다"라고 하자, 날 때부터 뒤틀린 전신이 펴지면서 사람들이 놀라는 꿈이었다.

그때 친했던 신학교 동기 목사 세 명이 뒤에 서 있었다. 그중 한 친구가 이런 말을 했다. "나 전 목사 아는데. 내 친구인데. 전 목사가 어떻게 저렇게 됐지? 저 능력이 어디서 오지?" 마지막 말에서 꿈의 목적을 발견하였다. 더 이상 친구도, 전 목사도 아니고, 전신 마비를 치유하는 하나님의 능력이 어떻게 어디서 오는가 하는 것이다.

2005년 8월에 불세례가 임한 이후, 하나님의 영광과 그분의 능력을 집중적으로 체험했던 파사데나에서 3년 동안 하나님의 영적 신학교를 수료하고 2008년 6월에 로스앤젤레스로 나오게 하셨다. 그곳에서 기독교 서점에 갔는데 눈에 들어온 책이 2006년도에 번역된 조이 도우슨의 《삶을 변화시키는 하나님의 불》이었다. 그동안 불세례 속에 있어서 '하나님의 불'이라는 제목이 단번에 눈에 띄었다. 책에는 지난 3년간 내가 경험한 구체적인 목적과 의미가 적혀 있었다. 그것은 하나님의 불과 하나님의 영광과 하나님의 능력이었다. 조이 도우슨 여사가 한국을 방문했을 때 한국의 목사들이 "왜 한국 교회가 부흥되지 않느냐?"라고 물었다. 도우슨 여사는 한국 교회는 부흥이 아니라, 회복이 필요하다고 하나님이 알려 주신 것으로 대답을 대신하였다.

한국 교회는 크게 부흥하였다. 그러나 지금은 퇴락의 일로에 서 있다. 그래서 부흥이 아니라 회개와 회복이 필요한 것이다. 회복이 이루어진 후에 다시 한번 부흥이 올 것이다. 회복을 위해 필요한 세 요소가 '하나님의 불, 하나님의 영광, 하나님의 능력'이다. 삶을 변화시키는 하나님의 불은 결국 정결하게 하는 불이다. 성도와 교회가 정결해지고 거룩한 성전이 될 때, 하나님의 영광이 임하고 하나님의 능력이 나타나는 것이다.

한국 교회에 부흥이 시작된 1960년대에는 하나님의 불이 들불처럼 전국적으로 번져 갔다. 당시에는 부흥 집회를 하면 월요일 저녁부터 토요일 새벽까지 새벽, 오전, 저녁에 몇 시간씩 모여 찬송하고 기도하였다. 곳곳에서 회개가 터지고 집단 통곡이 일어났다. 부흥사가 설교를 마치고 통성으로 기도하고 안수하면 수백, 수천 명에게 불이 임하고 은혜를 받았다. 하나님의 영광이 임하면 몇 시간씩 영광의 무거운 임재 속에 잠겨 누워 있기도 하였다. 그리고 그리스도인들은 믿지 않는 사람들과는 확연히 구별되는 정결한 삶을 살았다. 목회자들은 가난했지만 존경 받았고, 교회는 부러움의 대상이었다. 정결하고 능력 받은 부흥사들을 통해 큰 치유의 능력이 나타났다. 공설운동장 집회에서 앉은뱅이가 일어나고 목발과 지팡이를 짚던 사람들이 치유 받았다. 하나님의 불, 하나님의 영광, 하나님의 능력이 있었다. 그래서 한국 교회가 70년대와 80년대를 거치면서 폭발적으로 부흥한 것이다.

그런데 지금은 회개가 없다. 통곡이 없다. 불이 없다. 하나님의 영광이 무엇인지도 모르고 교회에 다닌다. 큰 건물과 화려한 시설, 멋진 오케스트라와 성가대, 많은 교인은 있지만, 하나님의 능력은 찾아볼 수 없다. 매년 신학교에서 많은 목회자가 배출되어도 사역할 곳도 없고 개척도 힘든 실정이다. 생활고까지 겹쳐 택시 운전부터 온갖 잡다한 일을 하면서도 '주를 위한 사명을 감당해야 하는데' 하는 부담감을 떨쳐 내지 못하고 있다.

이런 상황은 한국 교회의 성장이 멈추어서도, 시대를 잘못 만나서도, 대형교회 때문도 사역지가 없어서도 아니다. 주님은 "이에 제자들에게 이르시되 추수할 것은 많되 일꾼이 적으니 그러므로 추수하는 주인에게 청하여 추수할 일꾼들을 보내 주소서 하라 하시니라"(마 9:37-38)고 하셨다. 신학교 졸업생도 목사도 많으나 주님이 쓰실 일꾼은 적다는 것이다.

주님은 시대가 악하고 불법이 성행한 세상에서 더욱더 정결하고 거룩한 그릇을 요구하신다. 1세대 목회자들은 하나님의 불과 영광이 임할 때, 성령 받고 기도와 하나님의 능력으로 교회를 부흥시켰다. 뜨겁게 하나님을 의지하였다. 물론 물질과 명예욕에 사로잡혀 자신도 타락하고 교회까지도 세속주의와 기복주의로 흐르게 한 목회자들도 있다. 그러나 초창기 한국 교회에는 하나님의 영광과 능력이 있었다.

"하나님의 리콜 운동을 하라"는 음성은 교회 회복을 위한 세 요소, 곧 하나님의 불, 하나님의 영광, 하나님의 능력으로 목회자들을 회복하라는 명령이다. 이것은 은혜 받는 집회를 말하는 것이 아니다. 본질적인 한국 교회 회복을 위한 하나님의 시대적인 운동이다.

많은 사역자가 신학교를 졸업해도, 목사 안수를 받았어도, 심지어 성령 받았어도 하나님의 불에 태워지지 못해 하나님이 쓰실 수준의 정결함과 거룩함에 이르지 못하였다. 지성소의 영역인 하나님의 영광을 알지도 못하고 그 영광에 접할 때 임하는 하나님의 능력도 갖추지 못한 것을 재무장시키는 것이다.

목회자의 회복이 곧 한국 교회의 회복을 가져올 것이다. 이는 하나님의 불, 하나님의 영광, 하나님의 능력이 구비될 때 이루어진다. 그것은 거룩함의 회복이요, 하나님이 직접 가져오시는 물이 바다를 덮는 것 같은 영광의 부흥이 될 것이다.

하나님의 리콜 운동을 하라(2)

하나님은 우리에게 꿈과 환상으로, 그분의 직접적인 음성으로 우리 마음에 하나님의 소원을 주셔서 기도하게 하시고 준비하게 하신다. 그래서 그 일을 하게 하시는 하나님이시다. 바울 사도는 빌립보서 2장 13절에서 "너희 안에서 행하시는 이는 하나님이시니 자기의 기쁘신 뜻을 위하여 너희에게 소원을 두고 행하게 하시나니"라고 말하였다. 우리 마음의 소원이 하나님의 뜻을 위한 소원이기 때문에 그 일을 시작하신 분이 주도해서 우리를 통해 이루신다는 것이다.

IMF가 막 시작된 1997년 말 미국에 도착해 풀러 신학교에서 선교학 박사 학위를 시작한 다음 해에 한국에서부터 알고 지낸 목사님에게 한국에는 신학교를 졸업하고 안수 받은 수많은 사역자가 사역지가 없어서 힘들어하고 생활고까지 겪는다는 이야기를 들었다. 그 당시 로스앤젤레스에도 목회자 3분의 1 정도가 사역을 하지 못하고 있었다. 이 이야기를 들은 지가 벌써 20년이 지났으니 지금은 더 어려운 상황일 것이다. 얼마 전에 한국의 교단들도 목회자의 이중직을 공식적으로 인정하고 장려해야 할 때라는 신문 기사를 보았다.

목회자 재충전의 소원이 오래전 하나님께서 내 마음에 부어 주신 그분의 뜻을 이루기 위한 소원이었고, 때가 되자 명령을 주신 것이다. 매일 기도한 사역자들에 대한 응답을 말씀으로 주셔서 지금은 더욱 확신의 기도가 되었다. 그들이 정결하고 거룩한 그릇으로 준비되고 그분의 영광의 능력으로 재충전될 때, 하나님께서 그들을 쓰시고 먹이실 것이다.

나의 하나님 여호와께서 임하실 것이요 모든 거룩한 자들이 주와 함께 하리라(슥 14:5).

어느 날은 사탄이 더러운 옷을 입고 서 있는 대제사장 여호수아를 하나님 앞에서 고소하는 말씀을 보여 주셨다. 여호와께서 그의 더러운 옷을 벗기고 아름다운 옷을 입히고 정한 관을 씌우신 후에 여호와의 사자를 통해 전하셨다. "만군의 여호와의 말씀에 네가 만일 내 도를 행하며 내 규례를 지키면 네가 내 집을 다스릴 것이요 내 뜰을 지킬 것이며 내가 또 너로 여기 섰는 자들 가운데에 왕래하게 하리라"(슥 3:7).

이제는 성소 사역을 위한 일반 제사장 사역이 아니라, 지성소 사역을 위한 대제사장 사역이 요구되는 시대이다. 죄 없는 대제사장으로서 영광의 영역인 지성소에 들어가 사역할 자들을 부르시는 것이다.

성소의 바깥뜰에는 번제단과 물두멍이 있다. 이것은 회개와 불세례를 의미한다. 성소에는 등대와 떡상과 향단이 있다. 이는 기도와 말씀과 찬양을 뜻한다. 지성소에는 그룹 천사들이 있고 속죄소가 있으며, 법궤 안에는 십계명 돌판과 만나와 아론의 싹 난 지팡이가 있다. 이는 영광의 처소요, 타락 전 에덴동산이요, 초자연적 세계를 보여 준다. 에덴동산을 화염검을 든 두 천사가 지키듯이 하나님의 영광이 거하는 법궤 위 속죄소를 두 그룹 천사가 두르고 있는 것이다. 바깥뜰은 사람이 사람에게 사역하는 장소요, 성소는 제사장인 사람이 하나님을 섬기는 장소이다. 그러나 지성소는 하나님이 사람을 사역하는 영광의 처소이다. 지금은 예수님께서 영원한 대제사장 멜기세덱의 반차를 좇아 들어가신 지성소 안으로 들어가 하나님의 영광을 가지고 나와 능력으로 사역할 왕 같은 제사장들을 찾으시는 때이다(벧전 2:9).

하나님 앞에 정결하고 거룩한 그릇으로 준비되고 하나님의 말씀과 계명을 지켜 행하는 거룩한 제사장과 대제사장들에게 사역지를 주시고 그들을 사용하신다는 것이다. 그 전에는 누구라도 사용되었으나, 흑암이 깊어 오고 어두움이 세상을 덮는 마지막 때에는 오직 거룩한 자만 주님께 쓰임 받게 될 것이다. 그러면서 주의 종들, 곧 주님 앞에 추수 군대로 쓰임 받는 자들이 먹을 것이라는 약속을 보여 주셨다.

이러므로 주 여호와께서 이와 같이 말씀하시니라 보라 나의 종들은 먹을 것이로되 너희는 주릴 것이니라 보라 나의 종들은 마실 것이로되 너희는 갈할 것이니라 보라 나의 종들은 기뻐할 것이로되 너희는 수치를 당할 것이니라(사 65:13).

스가랴서 3장 10절에는 "만군의 여호와가 말하노라 그 날에 너희가 각각 포도나무와 무화과나무 아래로 서로 초대하리라 하셨느니라"고 약속하셨다. 포도나무는 추수를, 무화과나무는 이스라엘, 곧 나라를 상징한다. 지금은 먹고 싶은 것도 먹지 못하고, 동료 목회자들을 초대하려고 해도 돈이 없어 못 하는 목회자들이 하나님 앞에 추수 사역자로 쓰임 받을 때에는 서로 초대하며 나라와 마지막 부흥과 추수에 대한 비전을 나누고 즐거워할 것이라는 약속이다.

오직 추수한 자가 그것을 먹고 나 여호와를 찬송할 것이요 거둔 자가 그것을 나의 성소 뜰에서 마시리라 하셨느니라(사 62:9).

만군의 여호와의 말씀이니라 이제는 내가 이 남은 백성을 대하기를 옛날과 같이 아니할 것인즉 곧 평강의 씨앗을 얻을 것이라 포도나무가 열매를 맺으며 땅이 산물을 내며 하늘은 이슬을 내리리니 내가 이 남은 백성으로 이 모든 것을 누리게 하리라(슥 8:11-12).

한국 교회 목회자의 과제는 하나님이 쓰실 정결하고 거룩한 사역자로 준비되는 것이다. 지금은 적그리스도의 출현을 위한 무대가 마련되고 성경이 예언한 물이 바다를 덮음 같이 하나님의 영광이 온 세상을 덮는 마지막 부흥과 추수의 때이다. 하나님은 한국 교회의 회복을 원하신다. 이는 마지막 때에 한국 교회를 전 세계적 부흥을 위한 기도 운동, 성령 운동, 선교 운동의 선두주자로 사용하시려는 하나님의 계획이다. 이를 위해 목회자의 영적 회복과 성령의 능력으로 무장되는 영적 재충전이 절실히 요구된다. "하나님의 리콜 운동을 하라"고 하신 뜻이 여기에 있다.

20세기 최대의 부흥을 이룬 한국 교회는 세속화와 영적 침체의 영향으로 분열과 쇠락의 국면에 접어들었다. 이제 한국 교회는 부흥보다 회복의 기치를 들어야 한다. 그리고 교회 회복의 과제는 목회자 회복이 우선되어야 한다. 목회자 회복은 거룩함과 능력의 회복을 전제로 이루어져야 한다. 목회자들을 소집하여 영적으로 재충전하는 일이 하나님이 명하신 하나님의 리콜 운동이다. 하나님의 리콜 운동의 목적은 목회자들이 이 시대에 하나님이 쓰시기에 합당할 만큼 불세례를 통해 정결하고 거룩한 그릇으로 준비되는 것이다. 또한 하나님의 음성을 듣고 그분과 친교할 수 있도록 훈련되고 하나님의 불과 영광을 체험하는 것이다.

하나님 나라는 말이 아니라 능력에 있다(고전 4:20). 이를 위해 수천 명의 목회자 앞에서 전신 뇌성 마비 아이가 치유되는 비전을 보여 주신 것이다. 그 능력은 예수 그리스도의 이름과 복음이 가진 부활의 능력으로 불치병과 희귀병까지 치료하며 죽은 자를 살리는 과연 "이는 하나님의 능력이다"라는 진정한 교회의 회복과 부흥의 고백을 이끌어 낼 것이다.

하나님의 리콜 운동을 하라(3)

"하나님의 리콜Recall 운동을 하라"는 무너져 내림과 불세례를 경험하는 중에 들은 많은 음성 가운데 가장 크고 강력하게 들려온 음성이다. 그리고 에스겔서 37장을 보게 하셨다. 하나님께서 에스겔에게 보여 준 환상으로 골짜기에 소망 없이 흩어져 있는 뼈들에게 에스겔을 통해 하나님의 말씀이 대언 되었다. 생기를 불어넣자 순식간에 마른 뼈들이 서로 들어맞고 힘줄이 생기고 살이 오르고 가죽이 덮여 극히 큰 군대가 되었다.

신학교를 졸업하고 목사 안수를 받았어도 사역지가 없어서, 개척 교회를 하면서 생계를 위해 신문 배달과 책 판매, 택배, 택시 운전과 대리운전까지 하는 사역자들이 마른 뼈와 같이 심령이 메마르고 소망 없이 흩어져 있다. 그들을 불러 모아 하나님의 불세례로 정결하고, 하나님의 거룩한 영광의 영역에서 능력을 나타내는 하나님의 군대로 준비되도록 리콜하라는 사명을 주셨다.

사전에 나타난 리콜의 뜻은 대략 다음과 같다. "리콜(결함 시정)은 상품의 결함으로 인해 소비자가 생명, 신체상의 위해를 입거나 입을 우려가 있을 때 상품의 제조사(수입자)나 유통업자가 스스로 또는 정부의 명령에 의해 공개적으로 결함 상품 전체를 수거하여 교환, 환불, 수리 등의 위해 방지 조치를 하는 것이다. 자동차의 경우 제작 과정상의 문제로 인해 안전기준에 적합하지 않을 때, 안전운행에 지장을 주는 결함이 다수의 자동차에서 발생하거나 발생할 가능성이 있을 때 리콜을 시행한다. 리콜은 업체의 자발적인 시정조치로 이루어지는 리콜과 건설교통부에서 시정을 명령하는 강제적 리콜이 있다. 자발적 리콜은 업체가 제작 결함을 알고 자체적으로 소비자에게 통보해 그 결함을 시정하는 것이며, 강제적 리콜은 자발적 리콜을 하지 않는 업체에 정부가 시정명령을 내려 결함을 시정하도록 하는 조치이다."

하나님께서 사역자들을 리콜하라고 하신다. 오늘날 도덕성과 영적 지도력을 갖추지 못한 사역자들로 인한 폐해는 교회뿐만 아니라 사회 전반에 영향을 미치고 있다. 흑암이 깊어지고 미혹과 불법의 비밀이 역사하는 시대이다. 더욱 하나님께서 쓰시기에 합당한 정결하고 거룩한 그릇으로 준비되어야 한다. 하나님께서 "내가 거룩하니 너희도 거룩할지어다"(레 11:45)라고 하셨다.

이사야는 이미 선지자로 사역하고 있었지만, 이사야서 6장에 보면 웃시야 왕이 죽던 해에 성전에서 기도하던 중, 하나님의 보좌가 임하고 보좌 앞의 제단 숯불로 입술이 정결하게 된 후에 "내가 누구를 보내며 누가 우리를 위하여 갈꼬"라는 음성을 들었다. 그는 "내가 여기 있나이다. 나를 보내소서"라고 응답하였다. 재소집과 재소명의 과정을 거쳐 선지자적 사명을 감당할 수 있었다. 다른 방법은 없다. 리콜 운동을 통해 하나님께 굴복하고 그분의 불에 태워지고 하나님의 영광과 능력으로 무장해야 한다. 소명 받았고 성령세례를 받았어도 다시 하나님의 불, 하나님의 영광, 하나님의 능력으로 회복되어야 한다.

하나님의 리콜 명령(음성) – 네가 믿으면 하나님의 영광을 보리라 (믿음 시험).

하나님을 기다림 – 하루 한 끼 먹으며 44일간 밤낮으로 아무것도 하지 않고(기도 포함) 앉아 있었다.

무너져 내림(통곡) – 4일째, 집채 같은 무거움이 머리 위에 임해 무너져 내렸다. 51세까지의 학력, 경험, 모든 경력이 51층 건물이 무너지듯이 무너졌다. 엄청난 통곡(회개)과 함께 몸에서 물이란 물은 다 나오는 경험을 하였다.

불세례가 임함 – 45일째, 불같은 성령 받은 지 33년 만에 정결하게 하는 불(마 3:11)이 총알같이, 미사일같이 몸에 떨어져 6개월간 피부와 근육을 뜨겁게 태우고, 핏줄 속에 들어가 전신을 돌며 뼈에 머물렀다.

자아 굴복, 장사 지냄 – 지속적으로 태워지고 들리는 음성에 순종하였고, "내 삶 전부를 주님께 올인!" 영으로 고백하며 주님께 맡겼다. 꿈에 나의 장례식에 참석하였다.

하나님의 영광이 임함 – 무겁고 아름다운 하나님 영광의 임재와 천국 문이 열리고 천사들의 방문과 주님의 방문을 받았다.

꿈, 환상, 음성이 쏟아져 내림 – 4년 반 동안 하루에 세 번 이상 꿈과 환상, 하나님의 음성으로 가르치시고 장래 일을 보여 주시며 재소명(궁극적 소명)을 주셨다.

하나님과의 친밀함으로 들어감 – 묵상, 찬양, 경배를 통해 하나님과의 영적 교제가 깊어지고, 밤낮으로 마음과 영으로 기도하며, 마음으로 노래하고 영으로 노래하는 주님과의 동행을 터득하였다.

하나님의 능력 – 불로 정결하게 되고 하나님 영광의 임재 안에 머묾의 결과로 각종 은사와 치유의 능력(암, 소아마비 등)과 초자연적인 기적이 나타났다.

재파송 – 영혼 구원과 열방 선교 완성을 위한 궁극적 사명을 위해 파송되었다.

유쾌하게 되는 날이 이르리라

2006년 2월 25~ 28일

요즈음은 매일 등과 가슴이 뜨겁고 가끔 진동이 온다. 주님은 어느 목사님 가정과 어려움을 겪는 사람들을 위한 내적 치유 사역을 하게 하셨다. 등이 뜨거운 것은 능력의 상징이고, 가슴이 뜨거운 것은 마음을 치유하라고 하시는 것 같다. 치유 은사와 능력 주심을 확신시키는 것이다.

내적 치유 사역을 위해서는 꿈과 환상의 은사가 필요하다. 사역하기 전에 대부분 꿈과 환상으로 문제 해결을 위한 열쇠를 주시기 때문이다. 성령의 기름 부으심과 은사는 마음이 상한 자를 고치며 포로 된 자에게 자유를, 갇힌 자에게 놓임을 전파하며 모든 슬픈 자를 위로하기 위함이다.

주 여호와의 영이 내게 내리셨으니 이는 여호와께서 내게 기름을 부으

사 가난한 자에게 아름다운 소식을 전하게 하려 하심이라 나를 보내사
마음이 상한 자를 고치며 포로된 자에게 자유를, 갇힌 자에게 놓임을
선포하며 여호와의 은혜의 해와 우리 하나님의 보복의 날을 선포하여
모든 슬픈 자를 위로하되(사 61:1-2).

2006년 3월 4일

"유쾌하게 되는 날이 이르리라"는 음성이 들려 왔다. 새벽 2시
부터 7시까지 묵상과 경배를 할 때 들려온 음성이다. 힘든 중에 나
눈 주님과의 친밀한 교제는 보상 받을 날이 올 것이라는 격려였다.
또한 "여호와의 친밀하심이 그를 경외하는 자들에게 있음이여 그
의 언약을 그들에게 보이시리로다"(시 25:14)라는 말씀을 체험하게
하셨다. 개인적인 경험이지만 체험을 통해 알게 된 것은 5시간 이
상 묵상과 경배를 드리면 영적 돌파가 일어나고 주님의 음성이 들
려온다는 것이다.

외국 집회에서 강사에게 예언을 들었다. "오랫동안 원통 속에서
기다리게 하셨으나 오늘로써 보낸다. 한 군데 장소가 붙들어 놓을
수 없다. 여권에 비자 도장이 많이 찍힌 것이 보인다. 예언자의 직
위를 주신다." 아내에게도 예언이 주어졌다. "삼층천에서 천사들
과 경배하고 있다. 모든 영광의 광경을 본다. 남편과 같이 세계를
다니며 사역할 것이다."

예언 통역을 돕다가 갑자기 나에게 예언의 영이 임해 20여 명

에게 예언의 말씀이 강력하게 쏟아져 나왔다. 기도하는 문제에 대한 지식의 말씀이 나오자 충격을 받아 서 있지를 못하였다. 주최자가 제지하려고 했으나 강사가 허락해서 강사와 함께 사역하였다. 이것이 계기가 되어 그 강사와 수년간 같이 사역하고 있다. 아내가 새벽에 남의 딸기밭에서 딸기 따는 꿈을 꾸었는데, 예언 사역 집회에서 사역함으로 그 꿈이 실현되었다.

2006년 3월 5일

아내가 새벽에 교회에서 기도하고 있을 때, 주님이 오셔서 "네가 원하는 것이 정녕 나냐?"라고 물으셔서 "예"라고 대답했더니 주님이 안아 주시고 입을 맞추어 주셨다고 했다. 힘든 믿음과 순종의 여정 속에 희생과 인내를 감내한 것에 대한 보상이었다. 기특하게 여기신 것이다. 처녀 때부터 하나님의 음성을 들었지만, 나에게 불세례와 영광이 임한 후에 많은 꿈과 환상들이 내려오자 아내에게도, 딸들에게도 같은 은사가 열린 것이다. 온 가족이 꿈을 꾸고 환상을 보고 하나님의 음성을 듣고 팀 사역으로 내적 치유 사역을 하게 하셨다.

2006년 3월 7일

새벽에 "감사에 기쁨을 더하라"는 음성이 들려 왔다. 이는 찬양하라는 말씀임을 알려 주셨다. 찬양은 하나님이 기뻐하시는 예배이다. 찬양하는 자에게 하늘로부터 기쁨이 내려온다. 찬양은 하나님께 속한 하나님의 노래이다.

이 백성은 내가 나를 위하여 지었나니 나를 찬송하게 하려 함이니라 (사 43:21).

하나님의 찬송이다. 하나님이 대상이다. 하나님에 대해 노래하는 것이다. 그분의 이름, 그분의 성품, 그분의 역사를 노래하는 것이다. "감사에 기쁨을 더하라"는 음성의 의미를 깨닫고 매일 주님을 찬송하자 기뻐할 일이 별로 없는데도 이전에 경험하지 못한 기쁨이 하늘로부터 내려왔다. "여호와를 기뻐하는 것이 너희의 힘이니라"(느 8:10)는 말씀을 체험적으로 알게 되었다. 며칠 전 "유쾌하게 되는 날이 이르리라"는 음성을 들었는데, 어떤 응답이나 보상이 오기 전인데도 유쾌함을 경험하게 되었다.

왕의 문이다

2006년 3월 10일

팔과 무릎 및 다리에 뜨거움이 확확 온다. 아침에 산책할 때, "이번 주간에 은혜의 소낙비가 내리리라"는 감동이 왔다. 그러면서 "깊은 곳에 그물을 내려라. 하나님의 깊은 것과 사람의 깊은 것은 성령만이 아신다. 이를 위해 기도로 성령과 교통하고 말씀을 통달하라"는 감동이 연이어 왔다. 예전에 예언의 말씀으로 들은 것이 생각이 났다.

"하나님께서 시작하시면 실패가 없다. 시작만 하면 역사하신다. 말씀을 전할 때 십자가가 나타난다. 칼이 마음을 찌르듯 하리라. 말씀이 좌우의 날 선 검과 같이 사람들의 마음을 치유하고 심령을 수술한다. 마귀를 꾸짖으면 물러간다. 포로 된 자를 자유롭게 한다. 하나님께서 약속을 이루실 것을 안다. 시작하면 몇 년 안에 어떻게 되리라는 것을 알 것이다. 유쾌하게 되는 날이 이를 것이다."

2006년 3월 13일

대중 집회를 준비하라는 감동이 왔다. 내적 치유와 축사 사역을 위해서이다. 첫째, 조상의 죄 회개, 둘째, 혼적 묶임, 셋째, 생각의 견고한 진, 넷째, 마음의 상처, 다섯째, 악한 영을 쫓아냄, 여섯째, 생명의 성령의 법 선포, 일곱째, 기름 부으심이다. 상한 마음 치유와 악한 영을 축사해야 한다.

많은 귀신을 쫓아내며 많은 병자에게 기름을 발라 고치더라(막 6:13).

2006년 3월 21일

아내가 새벽에 꾼 꿈 이야기를 하였다. 이어진 두 문이 있는데

한 문은 밑은 나무이고 위는 유리로 된 여닫이로 아래에 도르래가 달려 있었다. 다른 문은 전체가 철문으로 도무지 열리지 않을 것 같았다. 우리 부부는 영원히 열리지 않을 것 같은 철문 앞에 서 있었다. 왼쪽을 슬쩍 보니 사람들이 들어갈 때마다 문이 드르륵 열리고 그 안에는 긴 테이블과 많은 음식을 요리하는 듯 연기가 났고, 사람들이 이야기하며 즐겁게 파티를 하고 있었다. 그때 부활하신 주님께서 오셔서 철문을 여시는데 빛이 너무 찬란해 안을 볼 수 없었다. 주님께서 "왕의 문이다"라고 하셨다. 백성이 들어가는 문이 아니라 영광의 왕이 들어가시는 문 앞에 서 있었던 것이다.

문들아 너희 머리를 들지어다 영원한 문들아 들릴지어다 영광의 왕이 들어가시리로다 영광의 왕이 누구시냐 강하고 능한 여호와시요 전쟁에 능한 여호와시로다 문들아 너희 머리를 들지어다 영원한 문들아 들릴지어다 영광의 왕이 들어가시리로다 영광의 왕이 누구시냐 만군의 여호와께서 곧 영광의 왕이시로다(셀라)(시 24:7-10).

하나님, 뜨거워 죽겠어요. 죽-어-라

오른쪽 무릎에서 시작된 불세례는 6개월이 지나면서 온몸의 피부와 근육을 태우고 핏줄 속까지 들어간 이후로 오직 한 부분에만 오지 않았다. 바로 등이다. 간혹 등이 뜨겁기는 했지만, 본격적인 불은 오지 않았다. 이는 등을 소파에 붙이고 새우잠이라도 잘 수 있게 하신 하나님의 배려였다. 하나님의 불이 핏줄 속으로 임한 후에는 낮에는 그런대로 견딜 만했지만, 밤에는 너무 뜨거워 잠을 잘 수가 없었다.

어느 날 밤 비몽사몽 중에 온몸과 피부와 근육은 두 번이나 태웠는데 왜 등에만 불이 오지 않을까 대한 반문이 생겼다. 속으로 생각하자마자 등 전체에 불이 왔다. 그런데 등만이 아니라 모든 피부와 근육을 태웠던 그 불이 한꺼번에 몸 전체에 타오르기 시작하였다. 핏줄 속을 돌던 불까지 합쳐져서 뜨거운 석쇠 위의 오징어처럼 몸이 오그라지고 말리면서 너무 견디기 힘들었다. "하나님, 뜨거워 죽겠어요." 그때 오른쪽 하늘로부터 들려 온 큰 음성이 있었다. "죽—어—라!" 천둥 같은 소리였다. 하늘에서 가늘고 긴 창 같은 것이 오른쪽 옆구리를 관통하여 내 몸을 땅 아래 깊숙한 곳으로 끌고 내려가는 것이다. 땅속으로 끌려가면서도 미련이 남아 오그라드는 내 몸을 보았더니 어느새 다 타서 한 줄기 검은 재로 남았다가 사라지는 것이다. 검은 연기가 사라지는 것을 본 순간, 뜨겁고 뒤틀리던 고통이 한순간에 끝나고 탈진한 가운데 평화가 찾아왔다. 이로써 6개월간의 불세례 과정이 일단락되었다. 그리고 하나님의 불이 총알같이 처음 날아와 때렸던 오른쪽 무릎뼈 안에 머문 것을 느낌으로 알게 되었다.

불세례가 시작되면서부터 번역하기 시작한 스미스 위글스워스의 《항상 배가하는 믿음》에서 스미스 위글스워스가 체험한 뼛속에 머문 불 간증을 통해 알게 되었다. 91세 때 그는 "성령의 불세례를 받은 지 33년이 지난 지금도 내 뼛속에 그 불이 활활 타고 있다"라고 말하였다. 그는 유럽 전역뿐만이 아니라 배를 타고 미국과 호주에서도 강력한 치유 사역을 하였다. 불이 뼛속까지 들어가야 떠나지 않는다는 것을 보여 준 산 증인이다.

불이 뼛속에 임하면 쉽게 넘어지지 않는다. 불이 뼛속에 있으면 하나님의 임재가 떠나지 않아서 낙심하지 않기 때문이다. 나는 작은 실망이라도 하면 왼쪽 다리 주위로 불이 휙 감아 도는 경험을 종종 한다. 왼쪽은 이성과 생각을 의미하는데, 생각을 불로 태우는 것이다. 그리고 그 불은 영광을 가져온다. 불이 태우고 사르고 정결하게 한 후에 거룩한 영광이 임할 수 있는 것이다. 역대하 7장에 나타난 솔로몬 성전에 임한 여호와의 불이 제단 위의 제물을 사른 후에 여호와의 영광이 성전에 가득한 것과 같은 것이다. 그 불은 사역에서 나타나는 능력이 된다. 주로 치유와 기적이 정결함과 거룩함의 능력으로 나타난다. 오직 태우고 사름으로 정결하게 하는 불세례를 받자. 불은 나를 죽이는 것이다.

믿으라. 내가 너의 파트너가 되리라

2006년 3월 22일

미얀마의 리안망 목사와 통화했다. 그와 나는 인도에서 선교학 공부를 같이하였다. 법관 출신인 그는 미얀마에 돌아가서 신학교를 세우고 졸업생들과 교회를 개척하는 미얀마 크리스천 선교회 대표이다. 미국에 오기 전 내가 임원으로 있던 선교회와 여러 교회에서 리안망 목사를 지원하였다. 네팔과 인도에서 선교 사역을 했지만 한국에서 사역한 10년 동안에 가장 큰 열매를 맺고 있는 나라가 미얀마였다. 처음 시작할 때도 신학생이 100명 넘었고, 40개 이상의 교회를 개척했고, 18개 교회를 건축하였다. 그 후 10년 동안 5백 명이 넘는 목회자를 배출할 정도로 미얀마에서 두 번째로 큰 신학교가 되었다. 100여 개 이상의 교회를 개척해서 좋은 열매를 거두었다. 한국의 신학교로 가는 길을 막으신 하나님은 외국 사역자를 통해 "선교 많이 한 것을 기억하신다. 그러나 새로운 일을 행할 것이다"라는 예언의 말씀을 주셨다.

선교의 직접적인 열매를 내가 누리는 것은 아니지만, 하나님께서 그 수고를 기억하시고 상급이 있을 것을 확증 시켜 주셨다. 동시에 분명히 새로운 길로, 마지막 영광의 부흥 사역으로 이끄실 것을 보여 주신 것이 확증되어 감사하였다. 내가 한국 교회에 소개해서 시작된 미얀마 사역이 확장되는 모습에 혹시라도 내 마음이 허

전할 것을 배려한 주님께서 "믿으라. 내가 너의 파트너가 될 것이다"라는 음성을 들려주셨다. 그동안 리안망 목사가 선교 파트너였지만, 이제 "내가 너의 동역자가 되겠다"고 하신 것이다.

믿기만 하면 된다. "네가 믿으면 하나님의 영광을 보리라"고 하셨다. 정결과 거룩으로 주님께만 붙어 있으면 된다. "너와 나의 보좌 사이에 아무것도 두지 말라. 그리하면 너를 쓴다"고 하셨다. 더는 내 일이 아니라 주님의 일이다. 내가 하는 것이 아니라 주님이 하신다. 다윗처럼 주님의 마음에 합하기만 하면 주님의 뜻을 다 이루게 하실 것이다. 친밀함이 모든 사역의 열매가 될 것이다.

온몸이 뜨거워졌다. 얼굴, 가슴, 무릎 밑, 양 팔꿈치와 사타구니까지 뜨겁게 정결하게 하신다. 아가서를 보게 하셨다. 나를 소유하시는 사랑의 불이다. 나를 빼앗기지 않으시려는 투기의 불이다. 여호와의 불이다. 도장을 팔에 찍듯이 주님을 마음에 두라고 하신다.

너는 나를 도장 같이 마음에 품고 도장 같이 팔에 두라 사랑은 죽음 같이 강하고 질투는 스올 같이 잔인하며 불길 같이 일어나니 그 기세가 여호와의 불과 같으니라(아 8:6).

결국 불은 올 것이다

2006년 3월 29일

주님이 주신 음성이다. "개인과 가정과 한국 교회에 불세례가
임할 것이다. 내가 깨어지고, 굴복되고, 태워지는 것이 회복의 전
제조건이고 하나님의 불이 그것을 가능하게 할 것이다. 뒤늦게 들
어간 하나님의 영적 신학교에서 배운 것은 하나님의 불, 하나님의
영광, 하나님의 능력이다. 그것은 이론이 아니라 실제적인 체험이
었다. 그중 가장 먼저 올 것이 불이다. 복음의 증인이 되기 위해 능
력을 부어 주는 불같은 성령세례를 넘어 정결하고 거룩한 주님의
신부로 준비되는 하나님의 불세례이다."

하나님의 불은 정결하게 한다. 하나님의 영광은 그분의 아름다
움, 곧 하나님 나라의 임재이다. 하나님의 능력은 질병 치유와 기
적이다. 하나님의 불과 영광이 임하면, 입신이 많이 일어날 것이
다. 천국의 빛, 영광의 구름, 천국 문, 하나님의 보좌가 임할 것이
다. 참된 평화, 기쁨, 영의 찬미, 위로, 아버지의 사랑, 안식 그리
고 영광을 맛볼 것이다.

한번은 집회에서 한인 2세 남자가 팔과 몸에 불세례가 임했다고
간증하였다. 팔이 간지럽고 뜨거운데 왜냐고 묻기에 하나님의 불
이라고 말해 주었다. 집에서도 잠을 못 잘 정도로 뜨거워서 하나님
께 물었다고 한다.

"이것이 무엇이지요?"

"불이다."

"너무 뜨거워 못 견디겠어요."

"너를 죽이는 것이다."

불은 태우고 사르고 나를 죽이는 것이다. 영광은 하나님의 아름다움을 맛보게 하고 나를 다시 세우고 살리는 것이다. 능력은 불치병과 희귀병 등을 포함한 치유와 하늘의 초자연적인 기적을 통해 하나님이 하나님 되심을 나타내는 표징이다.

현저하게 다르게 하라

2006년 4월 28일

새벽꿈에 하나님께서 거의 30분간 말씀하시는 것을 느꼈다. 그 중 뚜렷이 기억나는 것은 "현저하게 다르게 하라"이다. 이스라엘 백성은 기적을 체험하고도 원망하였다. 고라 자손과 다단과 아비람이 모세와 아론을 원망하다가 죽었는데도 원망하였다.

땅이 그 입을 열어 그들과 그들의 집과 고라에게 속한 모든 사람과 그들의 재물을 삼키매(민 16:32).

이튿날 이스라엘 자손의 온 회중이 모세와 아론을 원망하여 이르되 너희가 여호와의 백성을 죽였도다 하고(민 16:41).

그들은 기적을 체험하고도, 심판을 보고도 원망하였다고 말씀하시면서 믿음은 감사라고 알려 주셨다. 현저하게 다르게 하지 않으면, 이스라엘 백성의 전철을 밟게 됨을 상기해 주셨다. 이스라엘 백성은 하나님을 믿으면서도 감사보다 원망을 더 많이 하였다. 믿음은 환경과 처지를 초월하여 하나님의 살아 계심을 믿고 그분의 약속을 붙들고 감사하는 것이다.

2006년 4월 25~29일에 아주사 부흥 백 주년 집회에 참석하였다. 예언 트랙에서 로리라는 사역자를 통해 나에게 주신 지식과 예언의 말씀이다.

"기차에 많은 사람이 타고 있다. 산을 넘고 물을 건너 복음을 전한다. 여행을 많이 할 것이다. 하나님이 마음을 아신다. 많이 희생한 것을 안다. 주를 위해 많은 일을 했다. 많은 사람이 쓰임 받다 버려지고 넘어지나 너는 세상 끝날까지 넘어지지 않을 것이다. 사랑으로 역사하라. 사람들을 불쌍히 여겨라. 부드러운 마음, 아비의 마음을 줄 것이다. 새로운 일을 할 것이다. 말의 권세를 주셨다. 입을 크게 열어 외치라. 개척자이다. 목회자들에게 사역할 것이다. 말씀 전파와 가르침이다. 육신의 아버지에게 배우지 못한 것을 나에게 배울 것이다. 내가 가르친다. 더 자주 나의 음성을 들을 것이다. 사도적 기름 부으심과 재생산의 기름 부으심이다."

아내가 본 환상이다. "풍선을 불자 돔(스타디움)이 되었고 많은 사람이 있었다. 이를 위해 마음의 할례가 필요하다고 하셨다. 우리가 하나님의 마음과 뜻을 취할 수 있는 단 하나의 장소가 있다. 그것은 하나님과 홀로 있는 것이다. 이 교제 안에서 묶고 푸는 능력을 얻는다. 혼자 있을 때가 진정한 자신이다. 만일 우리 안에 죄가 있으면 묶고 풀 수 없다. 이는 거룩한 전쟁이다. '내가 거룩하니 너도 거룩하라. 내가 너를 쓸 것이다'라고 하셨다."

하나님이 사람을 준비 시켜 쓰시는 과정은 이러하다.

1. 택하심. 2. 부르심. 3. 가르치심. 4. 훈련하심. 5. 시험하심. 6. 헌신하게 하심. 7. 사명과 권세 부여. 8. 파송하심이다. 이를 위해 누구에게나 시험은 있다. 믿음의 시험과 시련 중에 현저하게 다르게 해야 한다. 불평과 원망 대신에 감사와 찬송할 이유를 알기 때문이다.

시험을 참는 자는 복이 있나니 이는 시련을 견디어 낸 자가 주께서 자기를 사랑하는 자들에게 약속하신 생명의 면류관을 얻을 것이기 때문이라(약 1:12).

그러나 내가 가는 길을 그가 아시나니 그가 나를 단련하신 후에는 내가 순금 같이 되어 나오리라(욥 23:10).

목매달아라. 목매달아라

하나님의 불세례와 하나님의 영광이 임하면서 수없이 들려온 하나님의 음성을 듣는 중에 대낮에 들려온 마귀의 음성이었다. 하나님의 불이 오른쪽 무릎에 총알처럼 임한 후, 6개월간 밤낮으로 온몸과 근육과 핏줄, 마지막으로 등에 임하여 태워지고 살라지고 하나님의 영광에 휩싸인 지 3년째에 접어들었다.

1년쯤부터 사람들이 모이기 시작하여 시작된 킹덤 빌더즈 집회에 하나님의 불과 영광이 임하며 놀라운 치유가 나타났다. 그리고 미국 여러 도시에서 부흥회 요청을 받게 되었다. 2006년 6월부터 2007년 6월까지 라스베이거스를 비롯하여 시카고, 뉴욕 롱비치, 로스앤젤레스, 오렌지카운티 등에서 부흥회를 하였다.

6월 말쯤 익숙한 주님의 내적 음성이 들렸다. "전화하지 마라. 이제부터 전화가 안 올 것이다." 그 음성을 들은 후, 빗발치던 전화가 오지 않았다. 그리고 전화를 할 수도 없었다. 전화하지 말라고 하셨기 때문이다. 하나님의 영적 신학교도 3년이란 말인가? 그 이후로 또다시 1년 동안을 하나님 앞에 기다릴 수밖에 없었다. 처음 하나님의 음성을 듣고 하나님 앞에 앉아 있기로 작정했을 때 기도했다.

"하나님, 저는 어릴 때부터 교회에 다녔고, 아버지가 기도원을 설립했습니다. 18세 때 성령 받았고 신학교도 여러 곳을 나왔습니다.

미국에서 박사 학위도 했고 나이도 적지 않으니 속성으로 해주세요."

그러나 여지없었다. 예수님의 제자들도 주님 앞에서 3년을 배웠다. 바울도 다메섹 도상에서 부활하신 주님을 만난 후 아라비아 광야에서 3년을 보냈다.

또 나보다 먼저 사도 된 자들을 만나려고 예루살렘으로 가지 아니하고 아라비아로 갔다가 다시 다메섹으로 돌아갔노라(갈 1:17).

힘든 세월에 순종한 지도 만 2년이 지났는데, 또 주님 앞에 앉으라는 것이다. 그뿐만 아니라 그동안 가정을 책임지지 못한 나를 위해 일을 한 아내에게도 같은 지시가 내려졌다. 우리 가족은 미국 선교단체의 선교사들이 거주하는 오래된 사택 1층을 사용하였고, 월세는 1,300불(한화 150만 원)이었다. 아내가 일해서 집세를 내고 있었는데 대책 없이 기약 없이 하나님 앞에 앉아 있게 되었다. 아내는 거실에, 나는 차고에 앉아 있었다. 기도하는 것도, 성경을 읽는 것도 아니었다. 전화도 하지 말라고 하셨다. 아무것도 하지 않고 그냥 앉아 있었다.

"네가 믿으면 하나님의 영광을 보리라. 믿음 시험. 너희는 가만히 있어 네가 하나님 됨을 알지어다. 내가 열방과 세계 중에서 높임을 받으리라"고 하신 말씀에 순종했다. 가만히 앉아 있는 것은 무엇을 하는 것보다 훨씬 힘들었다. 목표가 있어서 기도나 공부를 하면 쉬울 수도 있다. 아내 외에는 알아줄 사람도, 말을 건넬 사람도 없다. 주위에 있는 선교사들도 안쓰러워했다. 어려운 형편에 반찬 몇 가지를 해서 한 번씩 들러 안부를 물었다. 자존심은 없어진지 오래다.

그러던 어느 뜨거운 여름날이었다. 천장 행거에 걸려 있는 남가주 미인대회에 입고 나간 둘째 딸의 흰 드레스가 눈에 들어왔다. 그리고 내 귀에 "목매달아라. 목매달아라" 속삭이는 듯한 음성이 들렸다. 그러면서 군에 있을 때, 세탁장 천장에 목을 매달고 죽은 동기의 모습이 떠올랐다. 동기들과 죽은 그를 끌어내리는 현장에 갔었다. 기억나는 것은 시신의 왼쪽과 오른쪽 몸이 확연히 달랐다. 한쪽은 피가 몰려 빨갛고, 다른 한쪽은 창백했다. 밖에 텐트를 치고 시신을 임시 안치하였다. 여름 장맛비가 내리는 그 밤에 우비를 입고 무거운 M1 소총 매고 보초 섰다.

그런데 공중에 매달려 몸이 축 늘어진 그 동기가 보이면서 너도 "목매달아라. 목매달아라" 하는 마귀의 음성이 들린 것이다. '그래, 콱 죽어 버려' 하는 생각이 들었다. 늦은 나이에 유학 와서 박사 예비 과정과 박사 학위 입학에 필요한 토플 시험을 두 번이나 보았다. 5년 반 동안 200페이지 넘는 논문과 졸업 시험과 구두시험을 거쳐 학위를 받았지만, 교수 청빙이 무산되었다.

현실이 아닌 것 같은 망상에 빠질 그 순간, 차고 앞을 지나가는 사람들의 발소리와 대화 소리에 정신이 돌아왔다. 내가 죽으면 신문에 날 기사가 눈에 들어왔다. "한인(전두승) 목사, 박사 학위를 마치고 하나님을 기다리다가 목매달아 죽다!" 순간적으로 정신이 들면서 외쳤다. "사탄아, 물러가라. 내가 죽지 않고 살아서 여호와의 행사를 선포하리로다."

믿는 사람들이 자살하는 경우를 종종 본다. 제정신이 아니고 사탄의 음성이 혼을 주장하여 이끌어 가는 것이다. 내 혼에 속삭인 마귀의 음성을 이겨내고 먹을 것이 없어 굶으면서도 하나님을 원망하지 않고 시련을 잘 마쳤다.

그동안 참았던 눈물이 났다. 그 눈물은 배가 고파서도 내 신세가 처량해서도 아니었다. 예전 같으면 참지 못하고 박차고 뛰어나갔을 내가 불평하지 않고 견뎌내는 모습이 대견해서였다. 주님을 나보다 더 사랑하기 때문이다. 아무 이유 없이 그런 훈련을 시킨 것이 아니다.

3년 동안 마지막 영광의 부흥 비전 가운데 20층 빌딩을 보여 주시면서 "네가 30년 동안 기도하던 교회다"라고 말씀하셨다. 앞으로의 교회가 호텔과 컨벤션 센터가 될 것을 말씀해 주셨다면, 믿을 사람이 거의 없다. 자기 생각을 넘어서는 하나님의 음성을 듣고 순종한 사람만이 믿고 누릴 약속이다. 변함없는 믿음과 즉각적인 순종과 대가를 생각지 않는 희생과 중단하지 않는 인내의 열매인 동시에 하나님이 직접 가져오시는 전무후무한 영광의 부흥의 결과이기 때문이다.

사명을 따라가라(1)

2010년 1월 27일

거실 소파에서 묵상하다 잠깐 졸았는데 "사명을 따라가라"는 내적 음성이 들려 왔다. 그때는 그 음성이 나중에 일어날 일과 관계가 있다는 것을 알지 못했다. 두 달 후인 3월 21일 주일 오후에 한국에 있는 동생에게 전화가 왔다. 신학대학에서 총장 제의가 들어왔다는 소식을 전해 주었다. 1988년부터 1997년까지 미국에 오기 전, 선교지에서 사역하고 선교학을 공부한 경력이 있는 나는 부산에서는 유일하게 여러 신학교에서 선교학을 강의하고 초교파적인 선교 단체 설립과 훈련을 도울 수 있었다. 그때 알게 된 분들과 같은 노회 소속 선배들과 동기들이 이사로 있었기 때문에 마음만 먹으면 금의환향할 좋은 기회였다. 오랫동안 나를 위해 기도하신 어머니와 동생은 물론 나를 아는 모든 사람이 좋아할 것이었다. 무엇보다도 그렇게 가기 원했던 선교학 교수보다 높은 총장이었다.

그러나 동생에게 갈 수 없다고 말하였다. 5년 전에도 선교학 교수 자리를 거절했는데, 또다시 총장 자리를 거절하게 되었다. 당시 내 형편을 너무 잘 아는 동생은 많이 아쉬워하며 전화를 끊었다. 서류 마감일까지 지원하지 않자 다쳐서 병원에 있다는 소문이 났고, 박사 학위를 못 받아서 못 오는 것이라는 소문도 있었다. 심지어 죽었다는 소문도 있었다는 얘기를 나중에 들었다.

불세례와 하나님의 영광이 임해 하나님이 음성으로 들려준 현저하게 다른 목표와 방향에 대해 흔들리지 않는 확신을 가지게 된 후에 교수 초청이 왔었다. 하지만 그 길은 하나님이 정하신 나의 길이 아니라는 것을 알았고 거절할 수밖에 없었다. 5년이 지난 시점에 생각지도 못한 총장 제의는 더 이상 나에게 시험 거리가 되지 않았다. 그것과는 차원이 다른 비교할 수 없는 시대적인 큰 약속과 마지막 열방 추수를 위한 회복과 부흥의 비전을 수없이 보여 주셨기 때문이다.

손바닥만 한 구름이 이미 공중에 나타난 것이다. 그것은 큰 비전 안에 포함된 작은 것들이 부분적으로 성취되고 있음을 통해 얼마 못되어 전체적인 성취가 시작될 것을 믿었기 때문이다. 삶의 목표에 대한 확고한 믿음과 궁극적 사명에 대한 확신이 있었고, 장차 그 열매가 비교할 수 없을 정도로 크다는 것을 알았기 때문에 갈 수 없다고 말할 수 있었다.

거절은 했지만 내 마음은 착잡하였다. 이런 내 마음을 아신 주님께서 다음날 새벽에 "내 영이 주를 찬양합니다"를 외치게 하셨다. 상황과 관계없이, 내 생각과 마음과 관계없이 내 영이 주를 기뻐하고 찬양하도록 하신 것이다. "잘하고 있다는 증거를 주세요"라고 기도하였다. 그때 주신 증거다.

첫째, 한 달 전 "사명을 따라가라"는 음성을 주신 것을 기억나게 하셨다. 둘째, 성 어거스틴의 말을 보게 하셨다. "잘 사는 것보다 부르심을 따라 살라." 셋째, 새벽기도회 마치고 걸어오는데 작고 순결한 비둘기Dove 두 마리가 내려온 것을 보여 주셨다.

다시 기도했다. "돌로 떡을 만들어 먹지 않게 해주세요. 물질 시험을 이기게 해주세요. 총장으로 가면 내 가족의 물질이 해결되겠지만, 하나님의 명령에 순종하여 더 많은 사람에게 복을 나누어 줄 수 있게 해주세요. 하나님이 주신 말씀과 약속을 따라 살게 해주세요. 성전 꼭대기에서 뛰어내리라는 시험을 이기게 해주세요. 남에게 보이려는 시험을 이기게 해주세요. 사명을 따라가게 해주세요."

'아내는 총장 사모님 소리 들을 수 있었는데, 처가 식구들에게 아내를 고생시킨 미안한 마음을 상쇄시킬 수 있었는데'라는 생각조차도 사치로 여겨졌다. 이미 그러한 마음의 소원을 넘어설 만큼 나와 아내는 하나님께서 주신 수많은 사명과 약속에 대한 꿈과 환상, 들리는 음성에 포로가 되었기 때문이다.

많은 사람이 하나님이 원하시는 만큼 그 뜻을 다 행하지 않는다. 그만큼 하나님의 마음에 합한 자를 찾기 힘든 것이다. 말로는 하나님을 사랑한다고 하면서도 하나님의 뜻을 알지도 못하고 찾지도 않는다. 자신의 유익을 구하고 관심조차 없다. 알아도 행하지 않고 희생하지 않는다. 그럼에도 불구하고 하나님께서는 그분의 뜻을 이룰 자를 찾고 계신다. 어떤 것보다 하나님 나라와 그분의 의, 그분의 뜻, 그분의 얼굴과 영광을 찾는 자를 주님은 귀히 여기신다.

나는 성경에서 예수님 다음으로 다윗을 가장 좋아한다. 그는 회개의 사람이었다. 기도자였다. 겸손하였다. 하나님을 신뢰하는 믿음의 사람이었다. 하나님의 법을 따르는 자였다. 하나님을 찬미하는 예배자였다. 하나님의 신에 감동된 자였다. 하나님의 마음에 합한 자였다. 그래서 하나님의 뜻을 다 이루게 하신 것이다.

"사명을 따라가라!" 이 음성 때문에 분에 넘치는 제의에 자칫 잃어버릴 수 있었던 나의 궁극적 사명을 붙들 수 있었다. 그리고 지금까지 하나님의 마음에 합하기를 구하고 그분의 완전하신 뜻을 기다릴 수가 있게 되었다. 그것은 더 높은 기준의 거룩함을 이루어야 할 사명임을 잘 알고 있다. 그것은 정결하게 하는 하나님의 불, 지성소에 들어가는 하나님의 영광 그리고 세상을 놀라게 할 하나님의 능력을 통한 주님의 몸 된 교회의 회복과 부흥이다. 거기에는 캘리포니아의 부흥에 대한 약속도 포함된다.

내가 달려갈 길과 주 예수께 받은 사명 곧 하나님의 은혜의 복음을 증언하는 일을 마치려 함에는 나의 생명조차 조금도 귀한 것으로 여기지 아니하노라(행 20:24).

다윗을 왕으로 세우시고 증거하여 가라사대 내가 이새의 아들 다윗을 만나니 내 마음에 합한 사람이라 내 뜻을 다 이루게 하리라 하시더니 (행 13:22).

사명을 따라가라(2)

궁극적 사명을 향해 갈 때, 평소 자신이 주장하고 외치던 비전이나 믿음의 문제에 부딪혀 힘들어하는 사람들이 있다. 평소 믿음에 대해 자주 설교하던 어느 목사님이 암에 걸렸는데 믿음을 선포하고 기도로 이겨나가지 않고 오직 의사와 병원에서 소망을 찾는 모습을 보았다.

믿음은 자신과의 싸움이다. 믿음은 다른 사람이 아니라 자신에게 대입해야 한다. 믿음이 있는 것 같다가도 한순간에 사라지기 때문이다. 그러나 사랑의 단계는 다르다. 진정으로 사랑하는 대상을 위해서는 생명을 아끼지 않는다. 고난과 시련은 우리의 믿음을 단련하게 하는 과정이다. 우리 믿음의 대상인 하나님에 대한 믿음이 확신에 이르고 요동치 않는 단계가 주님과의 연합이고 주님을 사랑하는 단계이다.

큰 사명은 큰 믿음을 요구한다. 큰 믿음, 완전한 믿음은 주님을 정말 사랑하기 때문에 가능하다. 믿음으로 우리에게 주어진 궁극적 사명Ultimate Calling을 감당하는 것이 아니라, 사명을 주신 하나님을 사랑하기 때문에 감당할 수 있는 것이다. 그래서 위대한 믿음의 고백을 했지만, 세 번이나 부인한 베드로에게 주님은 더는 "네가 나를 믿느냐"고 묻지 않으시고, "네가 나를 사랑하느냐"고 세 번 물으신 후에 "네 양을 치라"고 하시며 사명을 주셨다(요 21장). 많은 사람이 하나님께 어떤 사명을 받았다고 자신의 입으로 말하고도 어려움이 닥치면 다른 길로 가는 것을 종종 보았다.

이는 두 가지 중 하나이다. 그 사명이 하나님으로부터 오지 않았든가, 아니면 스스로 하나님의 사명을 포기하는 경우이다. 인내의 믿음이 부족하기 때문이다. 인내의 끝은 주님을 진정 사랑하는 단계이다.

하나님께서 아브라함에게 아내 사라를 통해 후손을 주시고 그 후손이 하늘의 별과 같이, 바다의 모래와 같이 열국의 아비가 될 것이라고 약속하셨다(창 12장). 그러나 사라는 인간적인 방법으로 남편에게 하갈을 들여보냄으로 분쟁의 씨앗인 이스마엘을 낳게 되었다. 나이가 많아도, 소망이 끊어졌어도 하나님은 약속을 성취하시는 분이다. 결국 100세에 낳은 아들 이삭을 통해 그분의 약속을 이루셨다.

바울은 예루살렘으로 올라가면 결박을 당할 것이라는 선지자 아가보의 예언을 들었다(행 21:11). 사람들도 올라가지 말라고 만류하였다. 바울은 결박을 두려워하지 않고 자기 사명을 위해 올라갔다. 결국 잡혀서 로마로 호송되어 그곳에서 복음을 전하였다. 바울은 궁극적 사명을 위해 잡힐 것을 알았고, 신앙의 결단을 하였기 때문이다. 그는 고백한 대로 행하였고, 누구도 그의 사명을 가로막을 수 없었다.

보라 이제 나는 심령에 매임을 받아 예루살렘으로 가는데 저기서 무슨 일을 만날는지 알지 못하노라 오직 성령이 각 성에서 내게 증거하여 결박과 환난이 나를 기다린다 하시나 나의 달려갈 길과 주 예수께 받은 사명 곧 하나님의 은혜의 복음 증거하는 일을 마치려 함에는 나의 생명을 조금도 귀한 것으로 여기지 아니하노라(행 20:22-24).

믿음, 순종, 희생, 인내의 수준이 다르듯이 사명의 수준도 다르다. "사명대로 달려가라"는 말씀은 전적으로 다른 사람의 설득으로 가는 길이 아니다. 바울 사도의 고백처럼 "주 예수께 온 사명"의 길을 가는 것이다. 이를 위해 주님께서는 총장 제의가 오기 며칠 전, "나의 삶 전부를 주님께 올인"이라고 고백하게 하셨다. 그 전에는 꿈속에서 내가 나에게 "끝까지"라고 소리치게 하셨다. 그 즈음 아내에게는 마귀가 찾아와서 한 달에 만 불(한화 1,100만 원) 줄 테니 포기하라고 했지만, 포기하지 않는다고 대답하였다.

사명을 감당하기 위해 거치게 되는 시련과 고난의 여정 속에서 더욱 강해지고 성숙해질 믿음과 종래에는 주님과의 사랑의 연합에 이르게 하시는 비결이다. 하나님이 주신 사명을 어떤 유혹과 시련이 와도 포기하지 않으면, 하나님께서는 반드시 그 사명을 감당할 힘과 믿음을 주신다. 그 과정에서 우리는 더욱 주님께로 가까이 가고, 그분을 사랑하게 되며 그분의 마음에 합하게 되는 것이다. 그로 인해 내 뜻이 아니라 그분의 뜻을 다 이루게 된다. 하나님이 주신 사명을 받았는가? 그렇다면 사명을 따라가라. 믿음이 확신이 되고 소망이 신념이 되면, 그 사람은 아무도 말리지 못한다. 새벽이 가장 어둡다. 그러나 아침은 분명히 온다.

비파야, 수금아, 깰지어다 내가 새벽을 깨우리로다(시 108:2).

하나님이여 내 마음이 확정되었고 내 마음이 확정되었사오니 내가 노래하고 내가 찬송하리이다(시 57:7).

"거대한 무리가 올 것이다!" 4월 27일 새벽에 들은 주님의 음성이다. 다 알지는 못한다. 그러나 한 가지 분명한 것은 지방 신학교 총장보다는 영향력이 클 것이다. 주님의 뜻을 이루는 길에서 말이다.

3부

불과 영광과 능력

하루 늦게 도착한 크리스마스 선물

"이번 크리스마스에 무슨 선물 받고 싶어?" 파사데나 기도의 집 리더 셰릴 자매가 이삼십 대 팀원들에게 물었다. "나는 이번 크리스마스에 이런 선물을 받고 싶어요"라는 대답들이 아스라이 들려오는 가운데 하나님의 영광에 눌려 비스듬히 소파에 기대고 있는 내 차례가 되었다. "데이비드 전 목사님, 이번 크리스마스에 무슨 선물을 원해요?" 3시간가량의 찬양과 기도로 몸을 가누기 힘들 정도로 하나님의 임재에 빠진 나는 기다렸다는 듯이 내 마음의 대답을 하였다. "이번 크리스마스에 주님의 얼굴을 보기 원해요."

나는 진정으로 다른 무엇보다도 자비로운 주님의 얼굴이 보고 싶었다. 정말 "나와 세상은 간 곳 없고 구속한 주만 보이도다"라는 찬송이 내 간절한 소원이었다. 4개월째 정결하게 하는 하나님의 불이 피부와 근육을 태우며 핏줄에까지 들어가 따가워서 잠을 자지 못하는 중에 드디어 하나님의 영광이 나흘 동안 구름이 감싸듯 임했다. 길을 걸을 때도 몸이 붕붕 떠 천국에 있는지, 땅에 있는지 모를 정도로 하나님의 아름다움을 맛보고 있었다.

매일 밤 주님의 얼굴 보기를 간절히 기도하며 기대했다. 24일 밤에 간절히 기도하고 잤다. 주님의 얼굴을 선물로 받기 원했던 25일 새벽이 되었지만 아무 일도 없었다. 하지만 실망도 섭섭한 마음도 없었다. 오히려 "내년 크리스마스에는 주님의 얼굴 보기를 소원합니다"라는 고백이 나왔다. 내년 크리스마스까지 일 년 동안 주님의 자비하고 인자하신 얼굴을 보기 위해 사모하겠다는 마음은 진심이었다.

크리스마스가 지났다. 기대하지 못한 26일 새벽의 꿈이다. 맑은 하늘에 하얀 구름이 양쪽에서 한 가닥씩 날아와서 그림을 그리기 시작하였다. 길게 내려가는 양 갈래 머릿결과 양 눈썹이 그려졌다. 눈과 코가 수놓듯 그려지자 온몸에 소름이 돋았다. "주님이시다!" 온몸이 불타오르며 속으로 소리치는 순간, 입술이 그려지고 입술 꼬리 한쪽이 실로 잡아 올려지듯 공중으로 올라가는 것이다. 주님께서 나를 향해 아름답게 웃으시는 모습이었다. 인자하신 주님의 얼굴을 보기 원했는데 나를 향해 웃으시는 주님을 선물로 받았다.

우리 집에는 활짝 웃고 있는 주님의 얼굴 그림이 있다. 친구가 화가인 어느 장로님께 받은 그림인데 자기에게는 안 맞는다고 선물로 준 것이다. 이 경험을 통해 원하는 시간에 응답이 오지 않아도 실망하지 않고, 낙심치 않고 더 간절한 소망으로 바꾸는 것이 내가 원하는 수준보다 하나님 수준의 선물을 받는 비결이라는 것을 알게 되었다. 또한 간절히 원하는 것을 받게 된다는 것은 땅의 것이 아니라 위의 것을 포함한다는 것이다. 그리고 그것은 더욱 귀하다. 평생 간직할 수 있기 때문이다.

온갖 좋은 은사와 온전한 선물이 다 위로부터 빛들의 아버지께로부터 내려오나니 그는 변함도 없으시고 회전하는 그림자도 없으시니라 (약 1:17).

그러므로 너희가 그리스도와 함께 다시 살리심을 받았으면 위의 것을 찾으라 거기는 그리스도께서 하나님 우편에 앉아 계시느니라(골 3:1).

우리가 지금은 거울로 보는 것 같이 희미하나 그 때에는 얼굴과 얼굴을 대하여 볼 것이요 지금은 내가 부분적으로 아나 그 때에는 주께서 나를 아신 것 같이 내가 온전히 알리라(고전 13:12).

삶의 목적과 사명의 꿈

2005년 12월 27일

팔 바깥쪽과 가슴이 뜨겁다. 사역의 성공, 교회의 부흥을 열망할 것이 아니라, 주님을 열망하고 성령의 충만함을 열망해야 한다. 예수님의 제자들이 "우리가 어떻게 하여야 하나님의 일을 하오리이까"(요 6:28)라고 물었을 때 주님은 "하나님께서 보내신 이를 믿는 것이 하나님의 일이니라"(요 6:29)고 말씀하셨다. 우리의 일을 쉬는 것이 하나님을 믿는 것이다.

이미 그의 안식에 들어간 자는 하나님이 자기의 일을 쉬심과 같이 그도 자기의 일을 쉬느니라(히 4:10).

하나님은 바쁘지 않다. 그분은 시간을 다스리시고 때가 되면 사용하신다. 반드시 그때를 위해 준비해야 한다. 사람은 기회를 만들지 못한다. 하나님께서 기회를 만드신다. 하나님께 어려운 일이 있겠는가? 누가 성령의 능력 안에서 행동을 시작할 것인가? 하나님으로 하시게 하라. 나를 비워 하나님으로 하시게 해야 한다.

2006년 1월 3일

양쪽 다리 밑을 불이 휘감아 돈다. 가슴과 어깨와 목 주위가 뜨겁다.

2006년 1월 4일

양쪽 다리 밑과 특히 오른쪽 무릎 밑이 뜨겁다.

2006년 1월 5일

가슴과 어깨에 불이 온다. 할렐루야가 저절로 나온다. "성령님 불같이 임하소서. 말씀하옵소서. 주의 종이 듣겠나이다"라는 기도 가 나온다. 하나님께서 약속하시면 그분의 사자들을 앞서 보내신 다. 그분이 이루신다는 확신이 있다.

2006년 1월 8일

새벽에 '백옥기'라는 이름을 주셨다. 지금까지 6명의 이름을 받았다. 김옥주, 이(김)나운(?) 백옥기, 한문영, 박수길, 나성수 앞으로 사역을 위해 만날 사람들인 것 같다. 그중에서도 김옥주는 사역을 위해 1억을 주는 꿈을 꾸었다. 달러가 아니었다. 그러면 한국이다. 스미스 위글스워스의《병 고침》번역을 시작했다. 믿음과 신유의 말씀을 번역할 때 온몸과 얼굴과 가슴 그리고 무릎 밑이 뜨거워졌다.

2006년 1월 12일

8월에 시작된 불이 벌써 다섯 달째다. 오늘은 왼쪽 무릎 밑을 불이 감싼다. 거의 매일 꿈을 꾼다. 기록한 것도 있지만, 너무 많다 보니 기록하지 못할 때가 많다. 새벽에 거실에서 경배하며 묵상하다가 졸 때 짧은 환상을 보여 주신다. 그때마다 깜짝 놀라 깨곤한다. 처음에는 장면만 보였는데, 시간이 지날수록 장면과 음성이같이 왔다. 사진처럼 한 장면이 보일 때도 있고, 영화처럼 펼쳐지는 파노라마 환상도 보여 주셨다. 환상이 꿈보다는 실제적이고, 꿈이 먼 미래를 보여 주는 것이라면, 환상은 가까운 미래를 보여 주는 경우가 일반적이다. 꿈의 종류는 다양하다. 가장 강력한 꿈은삶의 목적과 사명의 꿈이다. 요셉에게 볏단들과 해와 달과 별들이절하는 꿈이 그러하다. 꿈대로 그는 애굽의 총리대신이 되었고 기근 가운데 백성을 구원하였다. 오늘 새벽에는 삶의 목적과 사명의꿈을 주셨고, 그 꿈에 대한 기록이다.

"어느 집에 갔는데 낚싯대와 줄을 들고 있었다. 서너 명의 여자들이 보였고 그들이 나무로 된 미끼통을 내미는데, 그 안에는 가늘고 빨간 갯지렁이들이 들어 있었다. 이 미끼로는 부족하다고 생각할 때, 양복을 입은 중후한 남자가 다른 미끼통을 주었다. 거기에는 깊은 바다에서 나오는 굵은 바다 지렁이 4-5마리가 들어 있었다. '이 정도면 밤새도록 크고 많은 고기를 잡을 수 있겠다'고 생각하며 기분 좋게 바다를 향해 갔다. 갑자기 바다가 아니라 왼쪽에공군 비행장이 펼쳐지면서 5대의 전투기가 이륙하고, 비행장에는여러 종류의 전투기와 전폭기들이 시동을 걸고 출전을 기다리고있었다. 인상적인 것은 막 이륙한 비행기 중에 하얀 첩보기가 눈에 띄었다. 나와 가까운 곳에서는 6개의 프로펠러가 달린 녹색 수송기가 '윙' 소리를 내며 군인들을 태우려고 대기하고 있었다."

이 꿈이 내 삶의 목적과 사명이 될까? 낚시는 영혼을 구하는 것이다. 낚싯대는 그것을 위한 도구이다. 그동안의 공부나 훈련이라고 볼 수 있다. 낚싯줄은 기도이다. 미끼는 하나님의 말씀이요, 하나님께서 주신 은사와 능력이다. 그리고 재정적인 것도 포함한다. 전투기나 전폭기는 적과 적의 진지를 공격하여 파괴하는 것으로 마귀의 궤계를 파멸시킬 강력한 사역자들이다. 다양한 전투기와 특수기는 다양한 은사를 가진 성도들을 의미한다. 수송기는 군인들과 물자를 실어 나르는 것으로 사역자들을 파송하고 물품을 공급하는 것이다. 첩보기는 예언적 은사로 적의 비밀을 알아내는 것이다. 무엇보다도 공군 비행장은 국가적이고 전략적인 영적 전쟁의 전진 기지를 의미한다. 그리고 영적 전투를 위한 훈련장이다. 마지막 대부흥과 열방의 영혼을 구원하는 세계적 추수 사역을 위한 영적 전쟁을 준비하는 전진 기지의 사명을 주신 것이다.

2006년 1월 15일

오늘은 새벽에 세 가지 음성을 들려주셨다. "악은 모든 모양이라도 떠나라"는 명령조의 강력한 내적 음성이었다. 데살로니가전서 5장 22절은 "악은 어떤 모양이라도 버리라"고 말한다. 그런데 '버리라'고 해도 잘 안 버리니까 더 강력하게 '떠나라'고 명령하시는 것이다. 그러면서 "깨끗하라"는 음성도 들려주셨다. 악을 떠나고 완전히 회개하여 깨끗해지라는 말씀이다.

야고보서 3장을 보게 하시고 "말을 많이 하지 말고 한 센텐스(문장)만 던져라. 지난 일을 들으려 하지 말라. 하나님이 알게 하신다. 내가 치유한다"고 하셨다. 이것은 아직도 어렵다. 신학교에서 가르치던 습관을 벗어나지 못했기 때문이다. 이는 특별히 내적 치유에 관한 가르침이다. 이 음성이 들려 온 후부터 사람들을 보내 주셔서 내적 치유를 하게 하셨고, 2년 동안 내적 치유 사역을 하면서 훈련하였다. 특별히 꿈과 환상으로 그들의 문제와 상처의 근원을 보여 주셔서 회개와 용서를 통해 묶인 매듭을 푸는 내적 치유와 축사 사역을 하게 하셨다.

파라쯔, 영적 돌파

2006년 2월 16일

저녁에 기도하는 중에 집에서 남자들이 나가는 환상을 보았다. 조상 3-4대의 죄악이 해결되는 것 같았다. 다음 장면에서는 홍수 난 것처럼 집에서 무엇이 터져 나가는 것을 보았다. 타파와 돌파의 역사가 있음을 보여 주시는 것 같다. 찢어지고 깨어지고 터져 나가는 돌파, 곧 '파라쯔'의 역사이다. 내가 하는 것이 아니다. 길을 여는 자이며 선두에 행하시는 하나님의 역사이다(미 2:13). 하나님은 모든 장애물을 부수시는 '파라쯔'의 하나님이시다. 영적 돌파는 약속과 축복을 취하기 위해 가로막고 있는 장벽을 부수고 깨뜨리고 쪼개고 뿌리 뽑는 것을 의미한다.

내가 너보다 앞서 가서 험한 곳을 평탄하게 하며 놋문을 쳐서 부수며 쇠빗장을 꺾고(사 45:2).

파라쯔, 영적 돌파의 역사가 나타나면 계시적으로 하늘 문이 열리고, 건강과 재정과 영적 회복의 역사가 나타난다. 영적 돌파를 경험한 자들은 하나님의 군대가 될 것이다. 그러므로 지나치게 부담을 갖는 것도 내가 한다는 것도 버려야 한다. 성령께 의탁하라. 성령이 말할 수 없는 탄식으로 기도하게 하고, 성령의 말하게 하심을 따라 말하라. 불로 시련하는 시험을 통과하였다 하신다. 이제 하나님 임재의 장소인 지성소로 들어오라 하신다. 산꼭대기로 올라오라 하신다. 새 계절의 시작이다. 새롭게 신선한 기름을 부어 주신다. 하나님과 연결되라. 장막이 넓혀질 것이며 권세가 주어질 것이다.

그러나 주께서 내 뿔을 들소의 뿔 같이 높이셨으며 내게 신선한 기름을 부으셨나이다(시 92:10).

2006년 2월 21일

오늘도 주님은 새벽 3시에 깨우셨다. 새벽에 아내도 환상을 보았다. 집 앞에 갈색 말이 왔다. "흰 말이어야 하는데" 하니까, 주님이 "타면 흰 말이 된다"라고 하셨다. 타니 흰 말이 되어 하늘로 올라갔다. 천국 문을 통과할 때, 아직은 준비가 안 되어 눈을 감아야 한다고 해서 눈을 감고 통과했는데 많은 방 중에서 심장만 있는 방으로 들어가도록 허락되었다. 들어가니 많은 심장이 있는데 그곳에서 예수님의 심장 소리를 들었다. 심장 하나를 가지고 내려왔다.

흰 말은 주님의 신부를 상징한다. 내가 불과 영광 가운데 있는 동안에 아내와 큰딸도 동일하게 불을 경험하면서 영적 세계를 여행하는 체험을 하였다. 큰딸은 자려고 누웠을 때 몸에 진동이 여러 번 왔고, 영이 빠져나가 공중에 떠올라 지구를 내려다보고 세계 여러 나라를 돌아다니는 체험을 하였다. 아내도 몸이 진동하며 우주 공간으로 올라가는 체험을 하였다. 이러한 영적 체험을 많이 하면 지경이 넓어지고 영적 능력이 강하게 나타난다.

낮에 이발할 때도 가슴과 어깨와 등이 뜨거웠다. 스미스 위글스워스 생각이 났다. 그는 처음에 주님의 음성을 듣기 위해 슬퍼하고 많이 울었다고 한다. 후에는 길을 가다가도 차 안에서도 언제 어디서나 주님의 음성을 듣고 환상을 보고 예수님을 볼 수 있었다. 그가 48세 때 받은 하나님의 불은 33년이 지난 91세가 되었을 때도 뼛속에서 활활 타고 있었다고 한다. 그것이 능력이 되어 100여 년 전에 그 열악한 교통수단들을 이용해 유럽을 비롯하여 호주와 미국 등 전 세계를 다니며 치유 사역을 하였다.

2006년 2월 23일

아침 일찍 산에 오르면서 기도하며 찬양하고, 내려오면서는 조용히 주님의 음성 듣기를 힘썼다. 8시 조금 넘어 집에 도착해 문고리를 잡자 오른편 하늘 위에서 천둥 같은 소리로 "하나님의 리콜 운동을 하라"는 음성이 들려 왔다. 몸 안과 등이 뜨거워 잠을 자기 힘들다. 밤 10시부터 12시까지 밖을 걸으면서 기도하였다.

2006년 2월 24일

새벽 5시 기도 시간에 그동안 중보하던 사람이 환상 중에 보였다. 힘든 원인이 예전에 미신 섬기고 점 본 것 때문이라고 보여 주셨다. 이 문제에 대해 기도했을 때 회개의 역사가 나타났다. 하나님과의 친밀함의 시작은 하나님께서 우리를 좋아하시고 우리와 영적인 만남의 즐거움을 누리기 원하신다는 것을 깨닫는 것이다. 몸이 뜨거워지면 기도하고 싶고, 주님의 무릎에 앉고 싶고, 주님의 심장 소리가 듣고 싶어진다. 요즈음은 앉기만 해도 등 전체에서 뜨거움이 시작되어 그 불이 휘돌아 허리와 가슴까지 미치고, 심장이 오그라질 듯 뜨거워진다. 주님이 안아주시는 것 같다. 온종일 찌릿찌릿하고 팔과 가슴이 뜨겁다. 온몸으로 불을 느끼는 것은 성경을

직접 체험하는 것이다. 이는 앙망함이고 기쁨이고 즐거움과 사랑
이다.

> 내가 여호와께 바라는 한 가지 일 그것을 구하리니 곧 내가 내 평생에
> 여호와의 집에 살면서 여호와의 아름다움을 바라보며 그의 성전에서
> 사모하는 그것이라(시 27:4).

> 주께서 생명의 길을 내게 보이시리니 주의 앞에는 충만한 기쁨이 있고
> 주의 오른쪽에는 영원한 즐거움이 있나이다(시 16:11).

> 그가 너로 말미암아 기쁨을 이기지 못하시며 너를 잠잠히 사랑하시며
> 너로 말미암아 즐거이 부르며 기뻐하시리라 하리라(습 3:17).

불이 핏줄 속으로 들어가다

처음 하나님의 불이 오른쪽 무릎을 때린 이후, 양 무릎 밑에서
발목까지 7일, 양 발등은 3일, 양 무릎에서 골반까지는 7일, 양 손
목에서 팔꿈치까지 7일, 양 손등은 3일, 양 팔꿈치부터 어깻죽지
까지 7일, 양어깨 7일, 목 3일, 얼굴 3일 등으로 몸 부위마다 피부
를 한 벌 태우고, 두 벌째는 더 깊이 근육 안으로 똑같이 반복하여
태웠다. 처음에는 간지럽고 따갑다가 나중에는 쓰라려서 몸을 기

대기가 힘들었다.

그때는 몰랐지만 제물과 번제물을 제단에 올릴 때, 통째로 올리는 것이 아니라 관절 마디마디를 끊어 불로 태운다. 대부분 교회에서는 헌신 예배를 드린다. 헌신은 몸을 드린다는 의미이다.

그러므로 형제들아 내가 하나님의 모든 자비하심으로 너희를 권하노니 너희 몸을 하나님이 기뻐하시는 거룩한 산 제물로 드리라 이는 너희가 드릴 영적 예배니라 너희는 이 세대를 본받지 말고 오직 마음을 새롭게 함으로 변화를 받아 하나님의 선하시고 기뻐하시고 온전하신 뜻이 무엇인지 분별하도록 하라(롬 12:1-2).

구약 시대에 하나님께 드리는 제사는 번제, 곧 화제였다. 양이나 염소, 소를 잡아 내장을 빼고 깨끗이 씻고 관절 마디마디를 끊어 번제단에 올려놓고 불에 태워 사르는 제사였다. 신약 시대에는 우리의 몸을 거룩한 산 제사로 드린다. 곧 마음을 새롭게 하고 변화를 받아 하나님의 기쁘신 뜻을 준행하는 삶의 제사를 요구하신다. 거룩한 행실로 하나님을 기쁘시게 하는 삶을 사는 생활의 제사, 곧 영적 예배를 원하신다. 우리의 죄 된 옛 생각과 습관과 행위의 육체가 태워져서 새로워지고 깨끗하게 되어 영에 속한 사람으로 변화되어 하나님을 기쁘시게 하고 그분의 뜻을 행해야 한다.

태우는 하나님의 불이 피부와 근육을 두 번째 태운 지도 두 달

반쯤 지났을 때이다. 뜨거운 불이 이번에는 핏줄 속으로 들어갔다. 불이 근육 속으로 들어갔을 때 따가워서 견딜 수 없었는데 이제는 밤낮으로 핏줄 속을 돌아다니기 시작했다. 낮에는 그런대로 견딜 수 있었지만, 밤에는 너무 뜨거워 잠을 자기 힘들었다. 머리도 어지럽고 정신을 차리기도 어려웠다. 보통 성인의 동맥, 정맥, 모세 혈관을 하나로 이으면 120,000킬로미터가 된다고 한다. 이는 지구를 세 바퀴 도는 길이다. 피가 혈관을 따라 몸을 한 번 도는데 46초밖에 걸리지 않는다. 핏줄 속에 하나님의 불이 들어가 밤낮으로 돌아다녔다. 피부와 근육에도 불이 있으니 밤에는 불 속에 들어가 있는 것 같은 뜨거움에 몸이 오그라졌다. 거실 소파에 새우처럼 등을 대고 다리를 오므리고 팔을 무릎에 올리고 3개월 반 동안 그 뜨거운 불을 겪을 수밖에 없었다.

어느 날 소규모 예언 컨퍼런스에 참석하였다. 강사에게 예언의 영이 임하여 제일 뒷줄에 앉아 있는 나에게 예언이 선포되었다. 내가 경험하고 있던 하나님의 불과 연관된 예언이었다. "몸의 세포가 형성되는 데까지는 많은 시간이 걸리는 것처럼 보이지만, 일단 그 세포가 조직이 되면 순식간에 온몸에 퍼질 것이다. 그리스도의 몸 전체에 미칠 것이다. 이러한 부흥이 일어나면 마귀가 자기의 영역이 침범당할 것을 알고 지금 지옥이 들끓고 있다."

하나님의 정결하게 하는 불이 핏줄을 통해 내 몸 구석구석, 세포에까지 미치지 않고는 내 생각과 마음이 깨끗해지고 정결해지고 거룩해질 수 없는 것이다. 핏줄 속에 들어가 세포에 미치는 불은 정결의 불이다. 나의 삶을 거룩한 산 제사로 드리기 위해 태우는 거룩의 불이다. 그 의미를 알고 나니 한결 잘 견뎌낼 수 있었고, 그 뜨거움은 나를 향한 하나님의 특별한 사랑임을 깨닫게 되었다. 왕 같은 제사장이요, 거룩한 나라로 삼기 위해서이다.

그러나 너희는 택하신 족속이요 왕 같은 제사장들이요 거룩한 나라요 그의 소유가 된 백성이니 이는 너희를 어두운 데서 불러 내어 그의 기이한 빛에 들어가게 하신 이의 아름다운 덕을 선포하게 하려 하심이라 (벧전 2:9).

달리 표현하면, 신분적으로 거룩한 백성이라고 칭함을 받은 단계에서 행위적으로 거룩한 삶을 살도록 가능하게 하는 것이 핏줄 속에 들어간 하나님의 정결하게 하는 불이다. 오래전 불같은 성령을 받았지만, 죄악 된 생각과 죄악의 근성을 이기지 못한 곤고한 삶과 결별하고 이제는 보배롭고 정결한 주님의 신부로서의 흠 없고 점 없는 순결한 아름다움을 소유하기 위해서다.

그러므로 사랑하는 자들아 너희가 이것을 바라보나니 주 앞에서 점도 없고 흠도 없이 평강 가운데서 나타나기를 힘쓰라(벧후 3:14).

자기 앞에 영광스러운 교회로 세우사 티나 주름 잡힌 것이나 이런 것들이 없이 거룩하고 흠이 없게 하려 하심이라(엡 5:27).

핏줄 속에 들어간 불을 통해 실제로 현저하게 변화된 유익이 하나 있다. 그것은 근심이 현저하게 사라졌다는 것이다. 이전에는 기도해도 근심과 걱정이 떠나지 않았다. 분명히 성경은 "너희는 마음에 근심하지 말라 하나님을 믿으니 또 나를 믿으라"(요 14:1)고 하였고, "아무 것도 염려하지 말고 다만 모든 일에 기도와 간구로, 너희 구할 것을 감사함으로 하나님께 아뢰라 그리하면 모든 지각에 뛰어난 하나님의 평강이 그리스도 예수 안에서 너희 마음과 생각을 지키시리라"(빌 4:6-7)고 약속한다. 하지만 내 속에서는 하루도 근심과 염려가 떠나지 않았다.

핏줄 속에 임한 불이 세포에까지 미쳐 뜨거웠지만, 세 가지 큰 유익을 얻었다. 첫째는 모든 질병의 요소들을 태워 치료해 주셨다. 그때부터 8년이 지난 후, 한국에서 종합검진을 받았는데 모든 장기가 깨끗하고 건강하였다. 둘째는 그토록 오랫동안 힘들어했던 근심이 사라졌다. 평강은 기본이요. 감사와 참 기쁨을 누리며 살게 되었다. 셋째는 행위적 정결함과 거룩함을 추구하며 살게 되었다.

핏줄을 통과해야 뼛속에 불이 머물 수 있다. 피부와 근육에 불이 임해도 사라질 수 있다. 그러나 뼈에 머물면 몸과 하나이기 때문에 떠나지 않는다. 죽으면 피부와 살과 근육은 없어져도 뼈는 남는다. 핏줄을 통해 뼛속에 머문 하나님의 불은 하나님의 능력이다.

하나님 영광의 아름다움

이사야서 35장 1-2절은 말한다. "광야와 메마른 땅이 기뻐하며 사막이 백합화 같이 피어 즐거워하며 무성하게 피어 기쁜 노래로 즐거워하며 레바논의 영광과 갈멜과 사론의 아름다움을 얻을 것이라 그것들이 여호와의 영광 곧 우리 하나님의 아름다움을 보리로다."

불세례가 몸에 임한 지 여러 달 후에 나흘 동안 영광의 아름다움을 체험하였다. 캘리포니아 파사데나 선교 센터에 있을 때였다. 숙소 건너편에 있는 사무실 가는 길이 마치 구름 위를 걷는 것 같고, 달 표면을 걷듯이 몸무게를 느낄 수 없을 정도로 공중에 붕 뜬 느낌이었다. 너무 아름답고 황홀했다. 마치 스노우 볼 안에 눈이 날리고 음악이 흐르는 온화하고 평화로운 느낌이었다. 그렇다고 천국을 경험한 것은 아니었다. 이 땅에서 하나님의 영광을 맛본 것뿐이다. 정말 나와 세상은 간 곳 없고 구속한 주만 보이는 것 같은 만족감이었고, 영광에서 영광에 이르는 주의 영광을 경험하였다 (고후 3:18).

영광의 영역에서 초자연적인 일들이 일어나는 것을 보았다. 토라를 가르치는 사람들은 그 영역을 '백 투 에덴'이라고 말한다. 다시 말해 타락 이전의 세계를 말하는 것이다. 자연 세계의 법칙을 뛰어넘는 초자연적인 법칙이 영광의 영역에서 나타나는 것이다. 한번은 주님께서 "위에 것을 찾으라. 그리하면 모든 것이 초자연적이다"라고 하셨다. 앞으로 삶과 사역을 통해 초자연적 영광의 영역에서 모든 창의적인 기적들이 일어남을 보게 될 것이라는 말씀이다. 성경은 마지막 때에 하나님의 영광이 물이 바다를 덮음 같이 온 세상을 덮을 것이라고 말한다.

> 이는 물이 바다를 덮음 같이 여호와의 영광을 인정하는 것이 세상에 가득함이니라(합 2:14).

또한 어두움이 땅을 덮고 캄캄함이 만민을 가리울 때, 여호와의 영광이 우리 위에 임하고 그 영광이 우리에게 머물 것을 약속한다(사 60:1-2). 이 영광이 머무는 자들은 영광의 집이 될 것이요(사 60:7), 도시와 나라들에 영광의 왕이 들어가시는 영광의 문이 될 것이다(시 24:7). 그들은 열방이 주께 돌아오도록 영광의 대로, 거룩한 길을 닦는 자들이요(사 35:8), 광야에서 여호와의 길을 예비하고 하나님의 대로를 평탄하게 하는 자들이다(사 40:3). 결국 여호와의 영광은 나타나고 모든 육체가 보게 될 것이다(사 40:5).

하나님의 능력

근원적인 통곡이 있은 후, 불세례가 임하여 온몸을 태우는 가운데 가장 두드러지게 나타난 현상은 요엘서에 예언된 꿈과 환상이 쏟아진 것이다. 삶의 목적과 궁극적 사명, 장래에 일어날 일들에 대한 강력한 꿈들이 주어졌다. 그중 하나가 하나님의 능력에 관한 꿈이다. 로스앤젤레스 파사데나에 거할 때였다.

꿈에 로스앤젤레스 북쪽에 있는 그리피스 공원 산 위를 날고 있었다. 날고 있는 아래로 산과 집 심지어 전봇대까지 불이 붙고 있었다. 내려다보니 불이 난 그리피스 공원 산을 백인 소방관들이 호스로 끄고 있었다. 그들 위를 날면서 "이 불은 우리가 끄지 못하겠다"라고 하는 소방관들의 말을 들었다. 그 말을 뒤로하고 날아서 산에서 내려오자 왼쪽에 경마장이 보이고 오른쪽에서 트랙을 돌아 일직선으로 말을 몰고 돌아오는 기수가 보였다. 경주용 말을 타고 달려오는 기수는 놀랍게도 나였다. 놀라면서도 계속 날아가는데 이번에는 운동장 같은 평지가 보이고 여러 사람이 앉아 있었다. 그들 앞에 앉아 설법하는 승려가 보였다. 그의 머리 위를 조롱하듯이 스쳐 날면서 "하나님의 능력"이라고 소리치다 깨어났다.

여기서 불은 부흥이다. 이 부흥은 끌 수 없는 불이다. 날고 있다는 것은 성령의 능력으로 역사함이고, 아무리 트랙을 빨리 돌아도 경주장을 벗어나지 못하는 기수와는 차원이 다른 것임을 말해 준다. 그리고 승려의 머리 위를 날면서 "하나님의 능력"이라고 외친 것은 영적 전쟁에서의 승리이다. 나중에 알게 되었지만, 그때까지 체험한 하나님의 불, 하나님의 영광, 하나님의 능력이 내 자신과 교회의 회복을 가져오는 삼대 요소임을 알게 되었다.

피부와 근육, 핏줄과 뼛속까지 임한 하나님의 불세례와 그분의 빛과 무거운 영광을 체험하게 하는 그분의 목적은 사역 현장에서 하나님의 능력이 되어 교회의 회복을 가져오는 것이다. 하나님 나라는 말이 아니라 능력에 있다(고전 4:20). "하나님의 능력"이라고 외친 꿈 외에도 수천 명의 목회자 앞에서 8살 뇌성 마비 아이가 치유되는 꿈을 보여 주셨다. 앞으로 있을 사역에서 나타나는 능력을 통해 목회자들이 하나님의 능력을 인정하고, 그 능력을 받기 위해 정결한 불세례와 영광의 아름다움을 사모하게 하시려는 것이다. 정결하게 하는 불, 거룩한 하나님의 영광, 비교할 수 없는 하나님의 능력을 통해 진정한 회복과 부흥이 오는 것이다. 이를 위해 불세례와 영광과 능력을 체험해야 한다.

부산 남포동 쌍칼 부흥사

고등학교 2학년 겨울 방학 때였다. 부흥회가 열렸고 강사는 별명이 쌍칼이라는 목사였다. 작은 키에 한 성질 할 것 같은 그는 부산 남포동에서 조폭 중간 보스였다. 당시에는 조폭 출신들이 성령세례를 받고 부흥사가 된 사례들이 종종 있었다. 싸울 때 무릎 아래에 차고 있는 단검을 던져 상대방을 제압한다고 해서 별명이 쌍칼이었다.

아버지가 시무하시던 시골 교회 어느 집사님에게 나와 나이가 비슷한 17세 아들이 있었다. 그는 악령이 들어 엄마를 삽으로 내려치기도 했다. 집사님이 아들을 데리고 교회에 올 때마다 당수도 검정 띠였던 내 옆에 앉혀놓았다. 집사님은 부흥사의 능력으로 악령을 쫓아낼 수 있다는 기대를 안고 아들을 데리고 집회에 참석하였다.

그때는 남자는 왼쪽, 여자는 오른쪽에 각각 따로 앉았다. 그 아이와 왼쪽 제일 뒤에 앉아 있는데, 설교가 얼마나 긴지 온몸이 쑤시고 힘들었다. 악령이 들려 아무것도 모르는 그 아이도 무척 힘들었을 것이다.

고개를 숙이고 있던 그 아이에게 갑자기 날벼락이 떨어졌다. 설교하던 강사가 강대상에서 뛰어 내려와서 오른발로 졸고 있는 아이의 목을 사정없이 세 번이나 내리찍는 것이다. 온 교인과 아이의 엄마가 있는 자리에서 말이다. 화가 치밀어 올랐다.

전에 교회 다니는 사람들에게만 술 먹고 행패 부리던 나보다 여섯 살 많은 청년과 교회 앞에서 시비가 붙은 적이 있다. 그때 공중으로 몸을 띄워 발로는 배를, 주먹으로는 얼굴을 동시에 가격하였다. 동네에 전도사 아들이 사람을 때렸다는 소문이 돌았다. 아버지에게 야단맞을까 싶어 은근히 걱정되었다. 은혜 많던 아버지는 야단은커녕 "잘했다. 그 녀석 한번은 혼나야 해"라고 하시는 것이다.

수줍음 많고 말수가 적었던 나를 동생들 돌봐야 한다고 그 어려운 시골 전도사 살림에 당수 도장에 다니게 한 아버지였다. 당수는 지금의 태권도와 같지 않다. 실전 위주였고 정권 단련과 벽돌 격파는 필수였다.

어린 내가 아버지가 초청한 강사와 집회 도중에 싸울 수는 없었다. 이런저런 생각을 하면서 앉아 있는데 엉덩이가 따뜻해졌다. 그 아이가 기가 질려 오줌을 싼 것이다. 정신이 없는 그를 데리고 나와 차가운 계곡물에 그도 씻기고 나도 씻으면서 어두운 하늘을 향해 '이런 사역은 죽어도 안 한다. 공부 많이 하면 몰라도…'라고 혼잣말을 했다. 수많은 부흥 강사와 기도원 원장 그리고 은사자들이 거짓말하고 금전적으로 바르지 못하고 성적으로 문란한 일들에 대한 실망과 상처는 그 이후에도 신물날 정도로 많이 들었다. 그날의 사건은 은사 사역을 은연중 멀리하게 된 원인이 되었다.

그런데 말 중에 뒷부분은 내 생각이 아니었다. 성령세례를 받지 못한 내가 하늘을 향해 '이런 사역은 죽어도 안 한다. 공부 많이 하면 몰라도…'라고 한 것은 나의 삶에 대한 하나님의 계획을 성령의 감동으로 내뱉은 것이다. 결국 그 말의 성취로 박사 학위를 하고 성령세례 받은 지 33년 만에 불세례와 하나님의 영광과 능력을 체험하게 하셨다.

그리고 지금의 영적 사역으로 이끄신 것을 보니 모든 것이 하나님의 계획 안에 있었다. 그리고 다짐한 것은 그러한 부흥 강사들과 사역자들의 잘못된 전철을 밟지 않겠다는 것이다. 정결하게 하고 거룩하게 하는 불이 뼛속에 머물면, "너는 넘어지지 않을 것이다"라는 말씀이 어떤 예언의 말보다 더 가슴에 와닿았다.

이제 기름 부으심의 사역을 넘어 거룩함과 영광의 영역 사역이 마지막 대추수를 감당하게 할 것이다. 상처와 충격을 승화시켜 강력한 무기가 되게 하시는 하나님의 섭리에 감사드린다.

천사의 방문

2006년 3월 24일

무릎 밑과 팔꿈치가 따끔따끔하고 찌릿찌릿하다. 천사의 방문을 받은 것 같다. 불세례가 임한 후 천사의 방문을 영 분별의 시각, 청각, 촉각, 미각, 후각 중 촉각으로 느낀 적이 있다. 주일 예배에서 설교를 듣고 있었다. 눈을 지그시 감고 있었는데, 구두 신은 오른쪽 발 왼쪽을 똑똑똑 노크하는 것을 느꼈다. 가만히 있으니 또 똑똑똑 두드리는데 촉각만 아니라 귀청에도 울리는 듯했다. 눈을 떠서 아내에게 '나 안 잔다'라는 신호를 보냈다. 아내가 발로 찬 것 같아서 그랬다. 아내는 하지 않았다고 하였다. 분명 발로 건드린 것은 아니다. 그렇다면 툭툭이지 똑똑똑은 아니다. 다시 눈을 감았다. 또 똑똑똑 하였다. 이번에는 뒤를 돌아보았다. 간격 때문에 발이 미칠 수도, 누가 엎드려서 오른발 왼편을 두드릴 수도 없었다.

갑자기 소름이 끼쳤다. '이게 뭐지?' 불세례로 몸이 뜨겁고 하나님의 영광이 임하여 초자연적인 현상을 많이 보았지만, 이런 체험은 처음이었다. 다시 눈을 감았다. 이번에는 이전보다 부드러운 감각으로 독독독, 독독독 두 번 연속으로 6번, 총 15번을 노크하고 중단하였다.

그다음부터 여러 차례 천사의 방문을 체험하였다. 밤에 운전하다 졸 때, 어깨를 흔들어 깨운 적이 여러 번이다. 새벽 묵상 중에 침대 옆에 큰 천사가 내려와 앉은 적도 있었다. 그리고 "영적 음식"이라고 말하면서 주는 음식을 받아먹은 적도 있다. 몇 년 후에 "위에 것을 찾으라. 그리하면 모든 것이 초자연적이다"라는 음성을 들려주셨는데, 그때도 초자연적 영역에서의 천사의 방문을 받은 것이다. 천사가 내 옆에, 찬양할 때, 교회에 나타난 것을 사진 찍어 놓기도 하였다. 불로 태워지고 정결해지자 영광의 영역이 열린 것이다.

2006년 3월 27일

그동안 기도하던 고등학교 2학년 아이의 백혈병이 완치되었다고 선포하라고 하셨다. 하나님은 '여호와 라파, 치료하시는 하나님'(창 15:26)이시다. 그는 완전히 치료되어 코넬 대학교를 졸업하고 의대에서 공부하고 있다.

> 내 이름을 경외하는 너희에게는 공의로운 해가 떠올라서 치료하는 광선을 비추리니 너희가 나가서 외양간에서 나온 송아지 같이 뛰리라 (말 4:2).

> 어두운 데에 빛이 비치라 말씀하셨던 그 하나님께서 예수 그리스도의 얼굴에 있는 하나님의 영광을 아는 빛을 우리 마음에 비추셨느니라 (고후 4:6).

둘람마리, 둘람마리

방언 은사를 받은 사람은 방언 통역의 은사를 구해야 한다. "다른 사람에게는 각종 방언 말함을, 어떤 사람에게는 방언들 통역함을 주시나니"(고전 12:10). 이 말씀을 다른 사람에게 적용할 필요 없이 방언하는 내가 통역해야 한다. 방언하지 않는 사람이 방언 통역 은사를 받을 수는 없다. 나는 고등학교 3학년 겨울 방학 때 성령세례를 받으면서 방언을 받았다. 그 후 33년 동안 방언으로 기도하면서도 그 뜻을 알지 못했다. 그렇다고 방언 통역 은사를 달라고 간절히 구하지도 않았다. 대부분의 사람이 평생 방언을 해도 통역 은사를 받은 사람은 별로 없다.

고린도전서 14장 2절은 "방언을 말하는 자는 사람에게 하지 아니하고 하나님께 하나니 이는 알아 듣는 자가 없고 영으로 비밀을 말함이라"고 하였다. 방언만 말하면 그렇다는 것이다. 그러나 방언 통역을 하면 그렇지 않다. "그러므로 방언을 말하는 자는 통역하기를 기도할지니"(고전 14:13)라고 하였다. 방언으로만 기도하면 영으로는 기도하나 마음으로는 이해하지 못해 열매를 맺지 못한다(14절). 바울 사도 자신은 영으로 기도하고 또 마음으로 기도한다고 하였다(15절). 다시 말해 방언도 방언 통역도 한다는 것이다. 영으로 하나님께 비밀을 말하고 그것을 통역하니 마음으로도 열매 맺는 것이다.

2005년 8월 중순부터 2006년에 이르도록 불세례와 하나님의 영광을 체험하는 중에 꿈과 환상이 집중적으로 쏟아졌고, 다양한 방법으로 들려오는 주님의 음성을 들었다.

새벽 3시에 일어나 묵상과 경배하고 기도하고 성경을 읽은 후에 산책하면서 찬양하고 하나님의 음성을 듣기 위해 침묵하는 훈련을 하였다. 한번은 산에 오르지 않고 가까운 한인 교회 새벽 기도회에 가면서 방언을 하는데 마음으로 그 뜻이 알아지는 것이다. 방언을 하다 보면 항상 반복적으로 나오는 단어나 문장이 있다. 30년을 기도하면서도 알지 못했던 의미를 알게 되었다. 그것은 "주여, 말씀하옵소서. 주의 종이 듣겠나이다"라는 사무엘의 기도였다. 그때까지 내 영이 "주여, 말씀하옵소서. 주의 종이 듣겠나이다"라고 기도했는데도 정작 방언을 통역하지 못해 무엇을 기도하는지도 모른 것이다. 한편으로 감사한 것은 내 영이 주의 음성을 사모했기 때문에 무너져 내리고 꿈과 환상과 내적 음성, 들리는 음성 등을 매일 듣게 되었다는 것이다.

그날 교회에서 새벽 기도회를 마치고 개인 기도를 하는데, 30분쯤 지나자 대부분 돌아가고 몇 사람 남지 않았다. 중간쯤 앉아 있는 나에게 앞자리와 오른쪽 뒷자리에서 기도하는 30대 남자들의 방언 기도가 들려왔다. 앞에 앉은 남자는 무슨 어려움이 있는지 간절하게 소리 내어 방언 기도를 하였다. 그의 방언 기도가 통역되어서 "당신은 이렇게 기도하고 있습니다"라고 말해 주고 싶었다. 남의 교회에서 알지 못하는 사람이 그러면 안 될 것 같아서 그만두었다.

그즈음 캄보디아 선교사로 있던 친구가 안식년으로 미국에 와 있었다. 그에게 이 이야기를 해주었더니 자기 방언을 통역해 달라고 하였다. 그는 "둘람마리, 둘람마리"를 반복하면서 간간히 다른 단어들로 기도하였다. 내 귀에는 "주님을 사랑합니다. 주님을 사랑합니다"로 들린다고 이야기해 주었다. 그가 평생 한 영의 기도가 "주님을 사랑합니다. 주님을 사랑합니다. 내 생명을 주님께 드립니다"라는 것을 알고 그는 많은 격려를 받았다.

그와 나는 대학원 여름 방학 때 교수님 한 분과 다른 두 학생과 함께 아시아 7개국 선교 훈련을 다녀왔다. 당시 장로회신학대학원에는 선교사파송연구회라는 동아리가 있었다. 거기서 파송한 파키스탄 정○○ 선교사가 초청하여 파키스탄을 목적지로 하여 인도, 네팔, 방글라데시, 태국, 홍콩, 대만을 다녀왔다. 그런데 두 달 후에 우리를 초청한 정 선교사님이 40대 젊은 나이에 급성 간경화로 돌아가신 것이다.

그때부터 그 친구는 순교한 정 선교사님의 뒤를 이어 파키스탄 선교를 서원하게 되었다. 졸업하고 부목사로 있다가 1986년에 파키스탄으로 파송되었다. 파키스탄에서 15년간 사역 후에 캄보디아에서 사역하였다. "주님을 사랑합니다. 주님을 사랑합니다. 내 생명을 주님께 드립니다"가 그의 영의 기도였다. 마치 바울 사도의 고백과 같았다.

"내가 달려갈 길과 주 예수께 받은 사명 곧 하나님의 은혜의 복음을 증언하는 일을 마치려 함에는 나의 생명조차 조금도 귀한 것으로 여기지 아니하노라"(행 20:24). 어쩌면 그 의미를 알았다면, 오랫동안 같은 고백을 하지 못했을 수도 있다. 영의 기도가 그의 마음의 기도가 되었으니 더욱 유익이 되었다.

방언 통역이 시작된 후부터 항상은 아니지만, 사역하면서 방언을 듣고 통역하기도 하고, 다른 사람을 위해 방언으로 기도하면서 통역하기도 한다. 통역 없이 방언하는 것은 나의 영이 기도하기에 나의 믿음을 세우는 데 유익하지만, 통역하면 남에게 유익을 주는 예언 사역과도 같은 역할을 한다. 그러므로 방언을 말하는 자는 방언 통역을 구해야 한다.

> 그러므로 방언을 말하는 자는 통역하기를 기도할지니(고전 14:13).

> 그런즉 형제들아 어찌할까 너희가 모일 때에 각각 찬송시도 있으며 가르치는 말씀도 있으며 계시도 있으며 방언도 있으며 통역함도 있나니 모든 것을 덕을 세우기 위하여 하라(고전 14:26).

전도사님, 처녀를 구한다면서요?

주일 오후에 전화벨이 울렸다. 아버지와 잘 아는 전도사님이었다. 수화기를 넘겨받은 듯 "전도사님, 처녀를 구한다면서요?" 하고는 까르르 웃었다. 교회 피아노 반주자인데 봉사하는 개척 교회 목사님 사택에서 점심식사를 하다가 "이 선생은 남자 앞에서 말도 못 하지. 밥도 못 먹지?" 하고 놀렸더니, "왜 말을 못 해요? 말 잘해요. 왜 밥을 못 먹어요? 잘 먹어요"라고 하였다. 그래서 아는 전도사가 있는데 그와 말해 보라고 전화를 한 것이다.

당장 택시를 타고 교회로 달려갔다. 처음 본 인상은 호리호리하고 예뻤다. 1980년 6월 초순이었는데 다음날 부산 서면에 있는 고려다방에서 정식으로 만나자고 했다. 약속 시간이 지나도록 나오지 않았다. 휴대전화도 삐삐도 없던 시절이었다. 마냥 기다릴 수밖에 없었다. 두 시간 반 정도 지났을 때 검은색 치마에 하얀 셔츠를 입은 그녀가 나타났다. 형광등 불빛 아래서 본 아내의 모습은 청순하고 아름다웠다.

나중에 안 사실은 부산 언니 집에서 아이들 피아노 레슨을 하면서 지내고 있었고 나올 생각이 없었다고 한다. 그런데 언니와 형부가 부부싸움을 하는 바람에 갈 곳이 없어서 나왔다는 것이다. 매일매일 찾아가 만났다. 가진 것도 없고 8남매 맏이이고 결혼할 형편도 되지 않는 상황에서 무엇을 믿고 밀어붙였는지 모르겠다. 그 당시 잘하는 것이라고는 말밖에 없었다. 말로는 하늘의 별도 따줄 태세였다. 며칠 후 집에 간다고 해서 부산에서 밀양까지만 같이 가겠다고 했다. 결국 그날 논산 집까지 따라가서 그녀의 부모님께 넙죽 절하고 결혼을 허락해 달라고 말하였다. 며칠 후에 부모님 상견례가 있었고 만난 지 21일 만에 결혼식을 올렸다. 사람들은 "어떻게 만난 지 21일 만에 결혼할 수 있느냐?"고 묻곤 한다.

여름에 부산 근교의 큰 기도원에서 3천 명씩 모이는 산상부흥회가 있었다. 군을 제대한 나는 한국의 유명한 부흥사들 밑에서 찬송 인도를 하였다. 한국의 1세대 부흥사들은 오관석, 김충기, 강달희, 이천석 목사님 같은 분들이다. 누군지는 기억나지 않지만, 젊은 전도사가 땀을 뻘뻘 흘리며 찬송과 통성 기도를 인도하는 모습이 기특했는지 배우자를 위해 3년은 기도해야 한다고 말씀해 주었다. 아내가 아니라 사역자가 될 동역자를 구하는 것이기 때문에 그렇다는 것이다. 3년을 기도하고 7번 선을 보았지만 뜻대로 되지 않았다. 그런 상황에서 아내를 만났고 놓치고 싶지 않았다.

동역자를 구하는 기도를 하면서 두 가지를 생각하였다. 첫째는 배우자가 예뻤으면 했다. 둘째는 내 피부와는 다르게 좋은 피부를 가졌으면 했다. 시간이 지난 후에 아내에게 물었다.

"나는 기도 응답의 확신이 들어 당신과 결혼했는데, 당신은 무슨 생각으로 나와 결혼할 생각을 했어?"

"내가 하나님의 음성을 듣지 않았다면 당신과 결혼했겠어요."

장모님은 딸이 목회자의 아내가 되게 해달라고 기도했지만, 아내는 그 기도를 좋아하지 않았다. 금요일 저녁에 교회에서 혼자 기도하는데 몸이 공중으로 들려 올려져 "주님, 하겠습니다"라고 고백하였다. 그때 받은 응답이 12년 동안 공부 뒷바라지하고, 40년 동안 어린 두 딸을 데리고 네팔, 인도, 영국 그리고 한국에서 사역하게 하였다. 그리고 늦둥이 딸을 데리고 미국에 온 지도 23년이 지났다. 아내는 종종 말한다. "고생을 해도 국제적으로 한다." 돈 주고도 못하는 여행과 다른 나라의 문화와 관습을 배우고 사람들을 이해하게 된 것을 고맙게 생각한다고 말하였다. 학위를 마치고 돌아가서 안정적으로 살 줄 알았는데, 그 길을 막으시고 지금의 사역으로 인도하심이 시대적인 하나님의 계획 속에서 이루어진 만남이었다. 다가온 영광의 부흥의 비전을 주시면서 믿음과 순종과 희생과 긴 인내의 연단 과정을 같이 견뎌낼 동역자로 주신 것이다.

한국으로 나갈 길을 막으셨을 때 꿈을 꾸었다. 90도 수직으로 된 높은 절벽 꼭대기에 아내와 세 딸을 올려놓고 정작 나는 힘이 없어 매달려 올라가지 못하고 떨어질 것 같은 위기 속에 있었다. 그때 아내가 두 손으로 나를 끌어올려 주었다. 아내 왼쪽에 앉자마자 내 눈에 들어온 것은 까마득한 절벽 아래에서 개미 같은 군인들이 미국 남북전쟁 때 사용한 대포 포신 수십 개를 우리를 향해 조준하고 있었다. 이제 큰일 났다고 생각하는 순간에 쿵쿵쿵 소리가 들렸다. 걱정과는 달리 포탄은 우리가 있는 곳의 1/3 거리도 미치지 못했다. 아내와 자녀들의 동역으로 적의 포탄이 미치지 못하는 높은 위치에 올라와 앉은 것이다. 이제부터 얻게 될 열매의 많은 부분은 아내 덕이다.

불같은 성령세례와 다른 불세례

불같은 성령세례와 불세례는 다르다. 초대교회 마가 다락방에 임한 오순절 성령세례는 복음을 전하기 위한 능력 세례이다. 성령이 불의 혀가 갈라지는 것같이 바람같이 임하였다.

오직 성령이 너희에게 임하시면 너희가 권능을 받고 예루살렘과 온 유대와 사마리아와 땅 끝까지 이르러 내 증인이 되리라 하시니라(행 1:8).

홀연히 하늘로부터 급하고 강한 바람 같은 소리가 있어 그들이 앉은 온 집에 가득하며 마치 불의 혀처럼 갈라지는 것들이 그들에게 보여 각 사람 위에 하나씩 임하여 있더니 그들이 다 성령의 충만함을 받고 성령이 말하게 하심을 따라 다른 언어들로 말하기를 시작하니라(행 2:2-4).

안수 받을 때, 성령 집회, 금요 기도회 등에서 머리나 몸이 뜨거워지고 진동이 오고 방언이 터지는 것은 성령세례를 받은 것이다. 성령이 불이기 때문이다. 불같은 성령세례와 불세례는 다르다. 세례 요한은 자기는 물로 세례를 주지만, 자기 뒤에 오시는 예수님은 능력이 많으셔서 성령과 불로 세례를 주신다고 하였다.

나는 너희로 회개하게 하기 위하여 물로 세례를 베풀거니와 내 뒤에 오시는 이는 나보다 능력이 많으시니 나는 그의 신을 들기도 감당하지 못하겠노라 그는 성령과 불로 너희에게 세례를 베푸실 것이요(마 3:11).

많은 사람이 불로 세례를 준다는 말을 잘못 해석하는 것 같다. 불로 세례를 준다는 말을 12절에 나오는 불 못에 던진다는 구절의 불로 잘못 이해하기 때문이다. 예수님께서 제자들에게 성령세례를 주시고 불 못에 던지신다는 것인가? 앞에 나오는 "알곡은 모아 곡간에 들이고"라는 말씀처럼 알곡이 되게 하시려고 정결하게 하는 세례요, 점도 없고 흠도 없는 거룩한 주님의 신부가 되게 하는 세례이다.

> 손에 키를 들고 자기의 타작 마당을 정하게 하사 알곡은 모아 곳간에 들이고 쭉정이는 꺼지지 않는 불에 태우시리라(마 3:12).

마지막 때 온 세상에 뜨거운 불에 풀어질 때, 거룩한 행실과 경건함으로 하나님의 날이 임하기를 간절히 사모하도록, 새 하늘과 새 땅을 바라보도록, 주 앞에서 점도 흠도 없이 평강 가운데 준비되는 세례이다.

> 그러나 주의 날이 도둑 같이 오리니 그 날에는 하늘이 큰 소리로 떠나가고 물질이 뜨거운 불에 풀어지고 땅과 그 중에 있는 모든 일이 드러나리로다 이 모든 것이 이렇게 풀어지리니 너희가 어떠한 사람이 되어야 마땅하냐 거룩한 행실과 경건함으로 하나님의 날이 임하기를 바라보고 간절히 사모하라 그 날에 하늘이 불에 타서 풀어지고 물질이 뜨거운 불에 녹아지려니와 우리는 그의 약속대로 의가 있는 곳인 새 하늘과 새 땅을 바라보도다 그러므로 사랑하는 자들아 너희가 이것을 바라보나니 주 앞에서 점도 없고 흠도 없이 평강 가운데서 나타나기를 힘쓰라(벧후 3:10-14).

이 불로 정결하게 한 후에 하나님의 영광을 보여 주신다. 그러므로 불세례는 하나님의 영광으로 들어가는 관문이다. 이미 시작된 마지막 부흥은 영광의 부흥이다. 물이 바다를 덮음 같이 여호와의 영광을 아는 지식이 온 땅에 가득할 것이다(합 2:14). 이 영광의 부흥은 주님 오시는 날까지 쇠하지 않는다. 이 부흥에 참예하기 위해 불세례를 주시는 것이다. 불세례를 받아야 불이 몸에 머물러야 죄와 세상의 유혹을 이길 수 있다. 거룩한 자가 될 수 있다. 마지막 때는 오직 거룩한 자만 주님과 함께 설 것이다. 거룩하지 않은 자는 쓰시지 않을 것이다. 전에는 죄를 극복하지 못해도 성소에서 쓰임 받았지만, 이제는 오직 지성소에 들어갈 거룩한 자만 쓰신다.

나의 하나님 여호와께서 임하실 것이요 모든 거룩한 자들이 주와 함께 하리라(슥 14:5).

그 날에는 말 방울에까지 여호와께 성결이라 기록될 것이라 여호와의 전에 있는 모든 솥이 제단 앞 주발과 다름이 없을 것이니(슥 14:20).

이를 위해 불세례를 주시는 것이다. 60년대, 70년대는 가난했지만 순수하였다. 한국 교회에 임한 불과 그 영광을 다시 한국 교회에 주시도록 50년 가까이 사모해 왔다. 우리 몸의 모든 세포까지 정결하게 하는 불이 미치려면, 이 불이 핏줄 속으로 들어가야 한다. 그 후에 하나님의 아름다운 영광이 임하며, 천국 문이 열리고 영적이고 초자연적인 경험을 하게 될 것이다. 이것이 세상을 치유하는 능력이 된다. 다가온 영광의 부흥은 주님 오시는 날까지 쇠하지 않는다. 불세례가 한국에서 시작되어 한국 교회를 다시 한번 회복 시켜 마지막 선교를 감당하게 하실 것이다. 불세례를 받는 자들은 이기는 자들이 된다. 땅끝까지 영광의 부흥을 가져가는 영광의 집이 되고 영광의 대로가 될 것이다.

횃불 군대

정결하게 하는 불로 세례를 받은 자는 횃불 군대로 주님의 정결한 신부의 군대를 일으킨다. 불은 지속해서 태우는 것이다. 찌꺼기가 없어지고 재가 되기까지이다. 모든 악을 떠나야만 한다. 완전 굴복과 완전 정결이 이루어질 때까지이다.

만군의 여호와가 이르노라 보라 내가 내 사자를 보내리니 그가 내 앞에서 길을 준비할 것이요 또 너희가 구하는 바 주가 갑자기 그의 성전에 임하시리니 곧 너희가 사모하는 바 언약의 사자가 임하실 것이라 그가 임하시는 날을 누가 능히 당하며 그가 나타나는 때에 누가 능히 서리요 그는 금을 연단하는 자의 불과 표백하는 자의 잿물과 같을 것이라 그가 은을 연단하여 깨끗하게 하는 자 같이 앉아서 레위 자손을 깨끗하게 하되 금, 은 같이 그들을 연단하리니 그들이 공의로운 제물을 나 여호와께 바칠 것이라(말 3:1-3).

불세례 후에도 계속 뜨겁게 하는 것은 교회 부흥, 은사와 능력 차원만이 아니다. 교회의 정화와 회복은 주님의 군대, 하나님 나라를 세우는 일을 위한 '횃불 군대Firebrand'가 되기 위함이다. 거룩함의 횃불이다. 800도의 불에 들어갔다 나와도, 다시 1,200도의 뜨거운 불에 넣는 것이다. 불순물을 다 제거하여 순금같이, 정금같이 나오게 하는 것이다. 하나님 앞에 서는 레위인을 깨끗하게 하는 것이다. 하나님이 받으시는 의로운 제물이 되게 하는 것이다.

내가 그 삼분의 일을 불 가운데에 던져 은 같이 연단하며 금 같이 시험할 것이라 그들이 내 이름을 부르리니 내가 들을 것이며 나는 말하기를 이는 내 백성이라 할 것이요 그들은 말하기를 여호와는 내 하나님이시라 하리라(슥 13:9).

정결의 불, 부흥의 불을 던지는 사자가 되게 하려 함이다. 주님이 오시는 길을 예비하고 하나님의 대로를 평탄하게 하려 함이다. 그들은 용사의 군대요, 이기는 자의 군대이다.

외치는 자의 소리여 이르되 너희는 광야에서 여호와의 길을 예비하라 사막에서 우리 하나님의 대로를 평탄하게 하라 골짜기마다 돋우어지며 산마다, 언덕마다 낮아지며 고르지 아니한 곳이 평탄하게 되며 험한 곳이 평지가 될 것이요(사 40:3-4).

시온에서 나팔을 불며 나의 거룩한 산에서 경고의 소리를 질러 이 땅 주민들로 다 떨게 할지니 이는 여호와의 날이 이르게 됨이니라 이제 임박하였으니 곧 어둡고 캄캄한 날이요 짙은 구름이 덮인 날이라 새벽 빛이 산 꼭대기에 덮인 것과 같으니 이는 많고 강한 백성이 이르렀음이라 이와 같은 것이 옛날에도 없었고 이후에도 대대에 없으리로다 불이 그들의 앞을 사르며 불꽃이 그들의 뒤를 태우니 그들의 예전의 땅은 에덴 동산 같았으나 그들의 나중의 땅은 황폐한 들 같으니 그것을 피한 자가 없도다 그의 모양은 말 같고 그 달리는 것은 기병 같으며 그들이 산 꼭대기에서 뛰는 소리는 병거 소리와도 같고 불꽃이 검불을 사르는 소리와도 같으며 강한 군사가 줄을 벌이고 싸우는 것 같으니 그 앞에서 백성들이 질리고, 무리의 낯빛이 하얘졌도다 그들이 용사 같이 달리며 무사 같이 성을 기어 오르며 각기 자기의 길로 나아가되 그 줄을 이탈하지 아니하며 피차에 부딪치지 아니하고 각기 자기의 길로 나아가며 무기를 돌파하고 나아가나 상하지 아니하며 성중에 뛰어 들어가며 성 위에 달리며 집에 기어 오르며 도둑 같이 창으로 들어가니 그 앞에서 땅이 진동하며 하늘이 떨며 해와 달이 캄캄하며 별들이 빛을 거두도다 여호와께서 그의 군대 앞에서 소리를 지르시고 그의 진영은 심히 크고 그의 명령을 행하는 자는 강하니 여호와의 날이 크고 심히 두렵도다 당할 자가 누구이랴(욜 2:1-11).

연단은 힘을 기르는 시간이다. 우리는 미래를 위해 힘을 준비해야 한다. 하나님을 의지하라. 하나님으로부터 온 모든 꿈과 약속은 반드시 이루어진다. 하나님께서 우리를 실망시키지 않고 우리가 생각하지도 못한 것까지 주실 것이다.

기다리는 시간은 첫째, 하나님께 가까이 가기 위함이다. 둘째, 하나님만 의지하기 위함이다. 셋째, 행실만 아니라 생각까지도 깨끗하게 하려 함이다. 넷째, 성품을 빚으려 함이다.

불의 군대는 주님을 기다리고 그분의 음성에 순종하는 것이 열매로 자라날 모든 것의 씨앗이다. 이를 위해 불세례 받은 자를 '횃불 Firebrand'로 만드신다. 불을 밝히고 불을 전달하는 불꽃 사역자다. 도시와 열방에 불을 전달하는 신부의 군대를 일으킨다. 셀 조직처럼 일어나고 핵폭탄 같이 터질 것이다. 의로움의 횃불, 거룩함의 횃불, 진리의 횃불, 부흥의 횃불, 하나님 나라의 횃불이다. 이기는 천사의 군대이다. 백마를 탄 정결한 군대이다.

이에 내가 보니 흰 말이 있는데 그 탄 자가 활을 가졌고 면류관을 받고 나아가서 이기고 또 이기려고 하더라(계 6:2).

하늘에 있는 군대들이 희고 깨끗한 세마포 옷을 입고 백마를 타고 그를 따르더라(계 19:14).

불세례의 목적은 첫째, 말씀의 검, 성령의 검을 예리하고 강하게(다이아몬드), 빛나게(광채-하나님 영광의 빛) 하려 함이다. 둘째, 병고침이나 능력을 넘어서서 정결함과 거룩함을 위한 것이다. 셋째, 불꽃이신 거룩하신 하나님께 가까이 가기 위함이다. 넷째, 횃불이 되어 세상에 불을 전하고 하나님 나라를 세우는 주님의 신부의 군대를 일으키기 위함이다.

불세례와 영광의 부흥

주님께서 "그동안의 벽이 문이 될 것이다"라고 하셨다. 큰 영광과 큰 부흥이다. 이를 위해 우리에게 불세례를 주신다. 마지막 부흥은 우리가 생각하는 범위를 넘어서는 큰 부흥이다. 요즈음 10년 전에 기록해 놓은 하나님이 주신 꿈과 음성들을 보고 있다. 큰 고래가 잡히고, 크고 많은 비행기가 보이고, 큰 전쟁을 준비하고, 큰 파티를 위해 큰 솥에 불을 피워 많은 음식을 준비하며, 큰 저수지에 많은 물이 저장되고 있고, 큰 파도를 타기 위해 서핑보드를 들고 기다리고, 큰 교회에서 설교하는 것들을 보여 주셨다. 이 모든 꿈의 공통점은 크다는 것이다. 그리고 화산이 폭발하기 위해 불꽃이 튀기 시작한 것을 보여 주시면서 본격적으로 폭발하면 상상도 못 할 부흥이라고 하셨다. 또 핵폭탄의 핵이라고 하셨으며, "하나님의 새 운동, 큰 운동"이라고 하셨다.

2008년 2월 23일 꿈에서 경기장에 사람들이 빽빽이 들어 서 있는 장면과 교회에 사람들이 가득 차 있는 것을 보여 주셨다. 3년 후인 2011년 11월 11일 11만 명이 들어가는 파사데나 로즈볼 축구 경기장에 35,000여 명이 모여 캘리포니아와 미국의 부흥을 위해 기도하였다. 우리 교회가 주축이 되어 160여 한인 교회와 12,000여 명의 한인 성도들이 이민 역사상 처음으로 한자리에 모여 다민족과 함께 기도하였다. 2016년 4월 9일 10만 명이 모인 로스앤젤레스 올림픽 스타디움 기도회까지 지난 5년간 8차례 스타디움과 컨벤션 센터에서 실제로 그러한 일이 일어났다.

꿈으로 보여 주신대로 교회에 사람들이 가득할 것이다. 통곡이 일어나고 불세례가 임하고 가늘 수 없는 하나님의 영광이 임할 것이다. 이 영광이 증가하면 교회 안과 밖 복도와 승강기와 빌딩과 거리에까지 하나님의 진동과 영광이 장악할 것이다. 푸른 영광이 빌딩 꼭대기를 덮고, 영광의 쓰나미가 빌딩을 덮는 것을 보여 주신대로 부흥이 올 것이다. 미국에도 한국에도 그동안 사모한 교회들 곳곳에 불붙고 영광이 밀려와 지붕을 덮을 것이다.

한번은 새벽에 저쪽 바다와 이쪽 바다가 합쳐져 온 가족이 수영해야겠다는 꿈과 욕실에 물이 콸콸 넘치는 꿈을 꾸었다. 또 한 집사님이 깊은 우물을 파고 있는데, 물이 터져 나오는 꿈을 꾸었다.

부흥과 함께 재정의 복도 임할 것을 보여 주신 것이다. 집회에 모인 사람들의 팔과 다리와 무릎과 가슴과 등에 불이 임할 것이다. 집회 장소에 앉기만 해도 몸이 뜨거울 것이다. 하나님의 영광이 호위하고 사람들이 비명을 지르며 통곡하며 쓰러지고, 춤추고 방언 찬양하며 입신하여 천국을 방문할 것이다. 모두가 통곡하고, 모두가 불 받고, 모두가 하나님의 영광에 휩싸여서 그분의 영광에 장악될 것이다. 하나님이 하나님 되심을 나타낼 부흥이 올 것이다. 이 부흥은 하나님의 불과 영광 안에서 엄청난 치유를 동반할 것이다. 전신 마비와 암이 치유될 것이다.

1960년대 한국 교회에 임한 영광이 전국적으로 확산하고 북한과 중국을 넘어 열방에 하나님의 영광이 가득할 것이다. 하나님의 불과 영광에 삼켜져 모든 삶을 주님께 드린 이후로 주신 꿈과 환상과 음성들은 실제로 성취되었고, 성취되고 있으며 앞으로 실현될 것을 믿는다.

"네가 믿으면 하나님의 영광을 보리라. 30명만 준비되면 군대를 보낸다. 2천, 4천을 보낸다. 한꺼번에 부흥이 올 것이다. 은사는 더할 것이다. 부흥이 오면 모든 것을 사랑으로 한다"라고 말씀하셨다.

마지막 부흥을 위해 준비되고 기다려 온 사람들은 첫째, 슬픔과 탄식의 날이 끝나고 기쁨과 즐거움만 남는다. 둘째, 죽음의 요단강을 건너 약속의 가나안 땅으로 나아간다. 셋째, 하나님이 새 일을 행하심을 믿고 하나님의 영광을 선포한다.

"극진히 찬양하라"고 하셨다. 극은 '가장 높은', '끝'을 의미한다. 이 극이 새 시작이 될 것이다. 고난의 끝에서 하나님을 극진히 찬양함으로 축복의 입구로 들어서는 것이다. "그동안의 벽이 문이 된다"고 하셨다. 얼마나 멋있는 말씀인가? 인내하고 하나님을 기다려 온 사람들에게 가로막고 있던 "벽 전체가 문이 된다"는 것이다. 죽음의 요단강은 장벽이 아니라, 약속의 가나안 땅으로 가는 문이다. 모든 장벽이 무너지고 약속과 축복의 문이 되는 것이다. 여러 길이 막혔으나 여러 길이 한꺼번에 열리는 것이다. 물질이 오는 길이 막혔으나, 이제 여러 길로 물질이 올 것이다. "어마어마한 수표가 올 것이다", "풍성한 재정이 올 것이다"라고 말씀하셨다. 그동안 물질에 청빈한 사람들도 이제 물질에 담대해야 한다. 하나님의 복음과 그분의 영광을 위해서이다.

마지막 대부흥과 대추수를 위해 준비되어야 한다. 캘리포니아의 부흥, 한국 교회의 회복, 목회자 리콜 운동의 큰 사명을 주셨다. 이를 위해 하나님의 불세례가 본격적으로 임할 것이다. 하나님의 영광이 전국적으로 덮일 것이다. 하나님의 능력이 세계적으로 나타날 것이다.

이제 곧 주님이 오신다. 망설이고 지체할 시간이 없다. 점점 더 어두움은 땅을 덮을 것이며 캄캄함이 만민을 가리울 것이지만, 여호와의 영광이 우리 위에 임할 것이다. 열방에 이 영광을 가져가는 마지막 부흥이 우리 앞에 다가왔다. 준비되어야 한다. 거룩해야 한다. 이를 위해 정결하게 하는 불세례를 주시는 것이다. 이 부르심 앞에 우리의 삶 전부를 거룩한 산 제물로 드려야 한다. 하나님의 아름다움인 그분의 영광에 삼켜져야 한다. "경배를 올려 드리면 영광이 내려온다. 영광이 내려오면 통곡이 일어난다"고 하셨다.

아이들과 청소년들과 청년들에게도 이 영광이 임할 것이다. "청년이 부흥이다"라고 하셨다. 온 가족과 자녀들까지 물이 바다를 덮는 것같이 여호와의 영광을 인정하는 것이 온 세상에 가득한 마지막 부흥에 다 같이 쓰임 받게 될 것이다.

마지막 때의 불세례

이 글은 주님과 동행한 삶을 통해 50년간 많은 지도자를 길러낸 미국의 영적 아버지요 스승이었던 웨이드 테일러 목사가 쓴 마지막 부흥의 때에 임할 하나님의 불에 대한 것이다. 이 글을 읽고 그에게 전화해서 6개월 동안 받은 불세례에 대해 말했다. 그는 매우 인자하게 가르쳐 주었고, 1년 후에 하나님께로 돌아갔다.

우리는 성령이 임하여 방언을 말하고 은사와 능력을 받게 된 성령 세례를 받았다. 그럼에도 불구하고 사도적 교회를 회복하여 능력으로 사도적 사역을 감당하는 성도들을 길러내기 위해 개인을 깨끗하게 정화하는 마지막 때의 불세례를 기다리고 있다. 이것은 현재 가지고 있는 모든 교회의 능력들을 초월하는 것이다. 마지막 때 주님의 방문은 불세례로 임할 것이며, 주님의 임재와 영광을 회복하는 길을 준비하게 될 것이다. 이것은 권세로 창의적인 말을 선포하게 될 삶의 참된 정결성과 주님과의 영적 연합을 가져올 것이다.

사도의 표가 된 것은 내가 너희 가운데서 모든 참음과 표적과 기사와 능력을 행한 것이라(고후 12:12).

초자연적 역사는 참된 사도적 사역의 징표이다. 나타나는 영광 안의 창의적이고 선포적인 말의 권세를 가진 사도적 회복은 나라들이 천년왕국을 예비하는 데 엄청난 영향을 줄 것이다.

일어나라 빛을 발하라 이는 네 빛이 이르렀고 여호와의 영광이 네 위에 임하였음이니라 보라 어둠이 땅을 덮을 것이며 캄캄함이 만민을 가리려니와 오직 여호와께서 네 위에 임하실 것이며 그의 영광이 네 위에 나타나리니 나라들은 네 빛으로, 왕들은 비치는 네 광명으로 나아오리라(사 60:1-3).

아담의 범죄로 말미암아 그를 보호하던 영광을 잃게 되었고, 생명 나무로 가는 길이 화염검 든 천사에 의해 막히고 말았다. 그러나 오순절 날에 모여 전혀 기도에 힘쓰던 120명의 제자에게 영광의 불이 돌아와 각자 머리 위에 임한 것이다.

오순절 날이 이미 이르매 그들이 다같이 한 곳에 모였더니 홀연히 하늘로부터 급하고 강한 바람 같은 소리가 있어 그들이 앉은 온 집에 가득하며 마치 불의 혀처럼 갈라지는 것들이 그들에게 보여 각 사람 위에 하나씩 임하여 있더니 그들이 다 성령의 충만함을 받고 성령이 말하게 하심을 따라 다른 언어들로 말하기를 시작하니라(행 2:1-4).

오순절 마가 다락방에 임한 성령세례는 불의 혀같이 갈라지는 것이 각 사람 위에 머물러 있었다. 여기서 주목할 것은 이 불이 어떤 역할을 할지에 대해서는 남겨 놓았다는 것이다. 오순절 성령 방문 이후로부터 시대적인 여러 방문이 영적 삶과 사역의 회복을 가져왔으며, 미국에서 일어난 현대 카리스마틱 부흥이 사도적 사역의 회복을 가져왔다. 그러나 카리스마틱, 은사주의 운동은 은사 사역에 중점을 두어 치유와 개인 예언 사역의 표면적 운동에 머물고 말았다. 그리스도의 몸 안에서 사도적 기름 부으심과 능력이 역사하는 사도직의 회복을 위해 개인을 준비시키는 정결하게 하는 불을 담을 자리가 준비되지 않았기 때문이다.

현재 은사주의 운동이 저물고 있다. 부흥 운동의 주요 지도자가 실패하면, 운동 전체가 실패하게 된다. 불로 완전히 태워지고 정결하게 되었다면 실패하지 않았을 것이다. 사도적 충만함은 주님의 임재 안에서 사는 존재가 되는 것이다. 오직 태워지고 정결하게 되어 주님께서 그분의 몸 성전에 거할 수 있게 함으로 초대교회 사도들이 행한 일들을 하고, 그것보다 더 큰 일을 행할 수 있어야 한다.

우리는 지금 주님의 '파루시아'의 시간에 살고 있다. 이는 마지막 때 목적을 위한 한 부분으로 준비된 사람들을 위한 그분의 임재, 방문, 나타나심이다. 주님께서 이들을 방문하실 때, 능력과 확증된 사인sign들과 함께 참 사도적 기름 부으심을 주실 것이다.

현재 주시는 주님의 음성은 주님의 잔치 초청에 응답하지 않는 교단적 은사주의적 사역의 범주 안에 들어 있는 사람들 때문이다. 성령께서 주님의 몸 안에서 이름 없고 은사를 받지 못한 평범한 개인들을 이 초청에 들어오게 하시며 사도적 기름 부으심과 능력으로 옷 입히시는 것이다.

예수께서 다시 비유로 대답하여 이르시되 천국은 마치 자기 아들을 위하여 혼인 잔치를 베푼 어떤 임금과 같으니 그 종들을 보내어 그 청한 사람들을 혼인 잔치에 오라 하였더니 오기를 싫어하거늘 다시 다른 종들을 보내며 이르되 청한 사람들에게 이르기를 내가 오찬을 준비하되 나의 소와 살진 짐승을 잡고 모든 것을 갖추었으니 혼인 잔치에 오소서 하라 하였더니 그들이 돌아 보지도 않고 한 사람은 자기 밭으로, 한 사람은 자기 사업하러 가고 그 남은 자들은 종들을 잡아 모욕하고 죽이니

임금이 노하여 군대를 보내어 그 살인한 자들을 진멸하고 그 동네를 불 사르고 이에 종들에게 이르되 혼인 잔치는 준비되었으나 청한 사람들 은 합당하지 아니하니 네거리 길에 가서 사람을 만나는 대로 혼인 잔치 에 청하여 오라 한 대 종들이 길에 나가 악한 자나 선한 자나 만나는 대 로 모두 데려오니 혼인 잔치에 손님들이 가득한지라(마 22:1-10).

지금 하나님의 신적인 활동의 초점은 강단의 지도자들에게서 평범한 성도들에게 옮겨가기 시작하였다. 특별한 재능이나 은사가 없었던 평신도들이 주님의 임재에 자극되어 초대교회 사도적 사역 의 회복에 자신들을 준비시키고 있다. 새로운 사도적 권세가 그들 이 하나님의 능력에 의해 진동될 때, 다시 한번 나라들에게 거대한 영향을 미치게 될 것이다.

이기는 자와 끝까지 내 일을 지키는 그에게 만국을 다스리는 권세를 주 리니 그가 철장을 가지고 그들을 다스려 질그릇 깨뜨리는 것과 같이 하 리라 나도 내 아버지께 받은 것이 그러하니라(계 2:26-27).

그 결과 하나님 나라가 의와 평화로 세워질 것이며, 예수님께서 왕 중의 왕이요, 모든 주의 주가 되심으로 인해 온 세상에 큰 기쁨 이 나타날 것이다.

영광을 나타내는 불

다음은 하나님의 불이 내리고, 하나님의 영광이 임하고, 하나님의 권능이 나타날 때, 한국 교회의 진정한 회복과 부흥이 다시 일어날 것이라고 말한 조이 도우슨의 《삶을 변화시키는 하나님의 불》의 일부분이다.

하나님의 영광이 너무 강렬하게 나타나 감당하기 힘든 경우도 있다. 성경에서 하나님의 불, 하나님의 영광, 하나님의 권능은 밀접하게 연관되어 있다. 이 세 가지가 합쳐질 때의 강도는 인간이 견딜 수 없는 것이다. 솔로몬이 오랜 중보 기도를 마친 후 하늘에서 불이 내려와 번제물과 제물들을 살랐을 때, 거기 임한 하나님의 영광이 너무 강렬하여 제사장들은 성전에서 사역을 수행할 수가 없었다(대하 7:1-3). 백성들은 감히 가까이 오지 못하고 밖에 꿇어 엎드려 찬양과 경배를 드릴 뿐이었다.

우리는 계속해서 하나님의 성품과 하나님의 방법을 훨씬 더 많이 알아가야 한다. 불행히도 이것이 얼마나 시급한지를 알리며 하나님 영광의 불에 대해 가르치는 사람은 거의 없다. 시편 104편 4절은 하나님이 불꽃으로 그분의 사역자를 삼으신다고 말한다. 그 말이 의미하는 바를 이해하거나 경험한 사람은 거의 없다. 다음은 조지 스토먼트가 쓴 책《스미스 위글스워스: 하나님과 동행한 사람》에 나온 내용이다.

1922년, 스미스 위글스워스는 뉴질랜드 웰링턴에서 사역할 때, 11명의 영적 지도자와 함께 하는 특별 기도 모임을 열었다. 각 사람이 기도한 후에 위글스워스가 일어나서 주님을 구하자 하나님의 임재가 방을 가득 채우기 시작했다. 하나님의 영광이 점점 강렬하게 나타나 매우 환해지고 매우 뜨거워졌다. 사람들은 더는 견디지 못하고 모두 떠났다. 오직 스미스 위글스워스만 하나님의 영광 안에 머물 수 있었다. 한 목사가 이 이야기를 듣고 다음에는 하나님의 임재가 아무리 강해도 끝까지 남아 있기로 결심하고 모임에 참석했다. 또다시 하나님의 거룩한 임재가 방 안 가득 임했고 견딜 수 없는 밝은 영광이 나타났다. 위글스워스와 그 목사를 제외한 모든 사람이 자리를 떠났다. 그는 주의 놀라운 임재에 압도되거나 쫓겨 가지 않으려고 마음을 다잡았다. 그러나 의지로 감당할 수 있는 일이 아니었다. 위글스워스는 성령에 사로잡혀 거룩한 불로 빛났고 그는 강렬함을 견딜 수 없었다. 결국 얼마 되지 않아 그도 방을 나가고 말았다.

이 강렬한 하나님의 불과 영광을 정말 체험하기 원하는가? 사실 하나님은 우리가 주를 섬겨 사역할 때, 우리를 통해 하나님의 권능을 더 많이 나타내기 원하신다.

하나님은 높으시니 우리가 그를 알 수 없고 그의 햇수를 헤아릴 수 없느니라(욥 36:26).

그의 큰 능력의 우렛소리를 누가 능히 헤아리랴(욥 26:14).

위대한 설교가 찰스 스펄전은 이렇게 기도했다.

하나님, 우리에게 영광스러운 무질서의 계절을 보내 주소서.
바다를 휘저어 철갑을 두르고 죽은 듯 정박해 있는 우리 형제의 전 존재를 요동치게 할 급한 바람을 보내소서.
다시 불을 내리소서.
가장 강퍅한 자까지도 녹일 불을 간절히 기다립니다.
그 불이 먼저 제자들 위에 임하고 온 사방에 떨어지기를
오 하나님, 주님은 그때와 동일하게 지금도 언제든 역사하실 수 있습니다.
간절히 구하니 잠잠하지 마시고 다시 한번 일하소서.
주의 능력이 임하는 것을 막는 모든 장애물을 깨뜨리소서.
예수님을 위하여, 화목하게 하는 주의 말씀을 전할 불타는 마음과 불의 혀를 우리에게 주소서. 아멘.

영광의 불이 나타나는 통로로 쓰임 받으려면, 먼저 우리 안에 그리스도를 닮지 않은 것이 모두 타서 없어지도록 불 속에 들어가야 한다. 그리스도를 닮은 훌륭한 인도 선교사 에이미 카마이클은 이 진리를 이해하고 다음과 같이 기도했다.

저에게 이 길을 이끌어 줄 사랑과 어떤 일에도 낙심하지 않을 믿음과 어떤 실망에도 지치지 않는 소망과 불길처럼 타오를 열정을 주소서. 가라앉아 흙덩어리가 되게 마시고, 나를 주의 연료, 하나님의 불꽃으로 삼으소서.

또한 "오늘날 부흥을 준비하고 있는 우리에게 가장 필요한 것은 하나님이 불을 내리실 때 일어날 것이다. 전 세계적으로 그리스도인들에 대한 핍박이 늘어나겠지만, 그와 함께 예수 그리스도의 복음이 전파될 새로운 문이 열릴 것이다. 하나님의 불이 이 땅에 그분의 거룩함과 능력을 다시 가져올 것이다"라고 하였다.

앤드류 머레이는 그의 책 《그리스도의 영》에서 "교회가 오순절 능력에 머무르려면 성령과 불로 세례 받아야 한다. 오순절 교회를 올바르게 계승하는 으뜸가는 본질적 요소는 그 구성원들이 성령과 불로 세례 받는 것이다"라고 하였다.

불세례

나는 너희로 회개하게 하기 위하여 물로 세례를 베풀거니와 내 뒤에 오시는 이는 나보다 능력이 많으시니 나는 그의 신을 들기도 감당하지 못하겠노라 그는 성령과 불로 너희에게 세례를 베푸실 것이요(마 3:11).

세례는 헬라어로 '밥티조Babtizo'로 완전히 잠기거나 완전히 충만한 것을 의미한다. 세례에는 세 종류가 있다.

1. 물세례

(1) 죄를 자복하고 회개하는 세례이다.

"나는 너희로 회개하게 하기 위하여 물로 세례를 베풀거니와"(마 3:11).

"자기들의 죄를 자복하고 요단 강에서 그에게 세례를 받더니"(마 3:6).

(2) 예수님의 죽으심과 사심에 연합하는 것이다.

"그러므로 우리가 그의 죽으심과 합하여 세례를 받음으로 그와 함께 장사되었나니 이는 아버지의 영광으로 말미암아 그리스도를 죽은 자 가운데서 살리심과 같이 우리로 또한 새 생명 가운데서 행하게 하려 함이라 만일 우리가 그의 죽으심과 같은 모양으로 연합한 자가 되었으면 또한 그의 부활과 같은 모양으로 연합한 자도 되리라"(롬 6:4-5).

(3) 선한 양심이 하나님을 찾아가는 구원의 표이다.

"물은 예수 그리스도께서 부활하심으로 말미암아 이제 너희를 구원하는 표니 곧 세례라 이는 육체의 더러운 것을 제하여 버림이 아니요 하나님을 향한 선한 양심의 간구니라"(벧전 3:21).

2. 성령세례

"요한은 물로 세례를 베풀었으나 너희는 몇 날이 못되어 성령으로 세례를 받으리라 하셨느니라"(행 1:5).

(1) 거듭남의 세례이다.

"예수께서 대답하여 이르시되 진실로 진실로 네게 이르노니 사람이 거듭나지 아니하면 하나님의 나라를 볼 수 없느니라"(요 3:3).

"예수께서 대답하시되 진실로 진실로 네게 이르노니 사람이 물과 성령으로 나지 아니하면 하나님의 나라에 들어갈 수 없느니라"(요 3:5).

(2) 복음의 증인이 되는 능력의 세례이다.

"오직 성령이 너희에게 임하시면 너희가 권능을 받고 예루살렘과 온 유대와 사마리아와 땅 끝까지 이르러 내 증인이 되리라 하시니라"(행 1:8).

(3) 성령세례의 나타남에는 여러 가지 형태가 있다.

① 물 같은 성령 – "나를 믿는 자는 성경에 이름과 같이 그 배에

서 생수의 강이 흘러나오리라 하시니"(요 7:38).

② 비둘기 같은 성령 – "예수께서 세례를 받으시고 곧 물에서 올라오실새 하늘이 열리고 하나님의 성령이 비둘기 같이 내려 자기 위에 임하심을 보시더니"(마 3:16).

"요한이 또 증언하여 이르되 내가 보매 성령이 비둘기 같이 하늘로부터 내려와서 그의 위에 머물렀더라"(요 1:32).

③ 불같은 성령 – "마치 불의 혀처럼 갈라지는 것들이 그들에게 보여 각 사람 위에 하나씩 임하여 있더니"(행 2:3).

④ 바람 같은 성령 – "홀연히 하늘로부터 급하고 강한 바람 같은 소리가 있어 그들이 앉은 온 집에 가득하며"(행 2:2).

⑤ 비 같은 성령 – "그러므로 우리가 여호와를 알자 힘써 여호와를 알자 그의 나타나심은 새벽 빛 같이 어김없나니 비와 같이, 땅을 적시는 늦은 비와 같이 우리에게 임하시리라 하니라"(호 6:3).

⑥ 기름 같은 성령 – "슬기 있는 자들은 그릇에 기름을 담아 등과 함께 가져갔더니"(마 25:4). "주의 성령이 내게 임하셨으니 이는 가난한 자에게 복음을 전하게 하시려고 내게 기름을 부으시고 나를 보내사 포로 된 자에게 자유를, 눈 먼 자에게 다시 보게 함을 전파하며 눌린 자를 자유롭게 하고"(눅 4:18).

⑦ 술 같은 성령 – "또 어떤 이들은 조롱하여 이르되 그들이 새 술에 취하였다 하더라"(행 2:13).

⑧ 인 같은 성령 – "그 안에서 너희도 진리의 말씀 곧 너희의 구원의 복음을 듣고 그 안에서 또한 믿어 약속의 성령으로 인치심을 받았으니"(엡 1:13).

3. 불세례

"그는 성령과 불로 너희에게 세례를 베푸실 것이요"(마 3:11).

(1) 불세례는 사도행전 2장 3절의 "불의 혀처럼 갈라지는 것들이 그들에게 보여 각 사람 위에 하나씩 임하여 있더니"라고 한 바람같이 불같이 임한 성령세례와는 다른 불에 잠기는 세례이다.

(2) 세례 요한은 예수님이 성령과 불로 세례를 주신다고 하였다. 이는 성령세례와 불세례가 다름을 말한 것이다.

(3) 불세례는 환난과 심판의 세례가 아니라, 정결하게 하는 세례이다. "손에 키를 들고 자기의 타작 마당을 정하게 하사 알곡은 모아 곳간에 들이고 쭉정이는 꺼지지 않는 불에 태우시리라"(마 3:12).

마지막 불 심판에서 구원하기 위해 정결함과 거룩함 안으로 들어가게 하는 세례이다.

"그러나 주의 날이 도둑 같이 오리니 그 날에는 하늘이 큰 소리로 떠나가고 물질이 뜨거운 불에 풀어지고 땅과 그 중에 있는 모든 일이 드러나리로다 이 모든 것이 이렇게 풀어지리니 너희가 어떠한 사람이 되어야 마땅하냐 거룩한 행실과 경건함으로 하나님의 날이 임하기를 바라보고 간절히 사모하라 그 날에 하늘이 불에 타서 풀어지고 물질이 뜨거운 불에 녹아지려니와 우리는 그의 약속대로 의가 있는 곳인 새 하늘과 새 땅을 바라보도다"(벧후 3:10-13).

(4) 불세례는 주님이 오시기 전, 흠도 점도 없는 주님의 신부가
　　되게 하는 세례이다.

"그러므로 사랑하는 자들아 너희가 이것을 바라보나니 주 앞에서 점도 없고 흠도 없이 평강 가운데서 나타나기를 힘쓰라"(벧후 3:14).

4. 불세례가 임하면

(1) 순식간에 무너짐을 경험한다.

(2) 피부와 근육과 핏줄과 뼛속까지 하나님의 불이 들어와 불에
　　잠기게 된다. 실제로 점점 더 뜨거움을 경험한다. 마지막에
　　는 완전히 태워져 연기로 사라지는 경험에 이른다.

(3) 죄악의 소욕이 태워지고 점차 자아 굴복이 이루어진다.

(4) 각종 육체적, 정신적 질병이 떠난다.

(5) 정결하게 되고 주님께 더욱 가까이 가는 거룩함을 추구하게
　　된다.

(6) 기도와 경배의 삶을 살게 된다.

(7) 주님에 대한 열정과 사랑이 증가한다.

(8) 주님의 얼굴을 보게 되고 하나님의 영광이 임하고 천국이 열린다.

(9) 꿈과 환상이 부어지고 하나님의 음성이 들리는 계시가 임한다.

(10) 각종 신비한 영적 체험을 하게 된다.

(11) 성령의 아홉 가지 은사와 능력과 권세가 임한다.

(12) 자기 삶의 목적과 장래에 대해 알게 되고 시대적인 하나님의 경륜을 알게 된다.

(13) 들리는 음성이 임한다.

5. 불세례를 받으려면

(1) 성령세례를 받았어도 불세례를 받기 위해 사모해야 한다.

(2) 자신을 완전히 주님께 맡기고 잠잠히 기다려야 한다.

(3) 완전히 무너져 내리는 근원적인 통곡의 회개가 있어야 한다.

(4) 불세례의 과정을 끝까지 견뎌야 한다.

불같은 성령세례를 받았어도 정결하게 하는 불세례를 받아야 한다. 주님의 재림을 앞두고 임하는 불세례는 흠도 점도 없는 그리스도의 신부로 준비되게 하며, 물이 바다를 덮음 같이 하나님의 영광을 가져오는 통로이다. 불세례는 개인과 교회 회복의 3요소인 하나님의 불, 하나님의 영광, 하나님의 능력 가운데 첫 요소이다.

불을 통과해야 영광으로 들어가기 때문이다. 영광에 잠길 때 능력으로 나올 수 있다. 불세례는 전 세계적 마지막 대부흥을 위하여 치유와 계시의 은사와 하나님의 능력으로 만국을 다스리는 이기는 자가 되게 하고, 교회 회복과 영혼 구원을 위한 불의 사역자가 되게 한다. 결국 불은 올 것이다.

하나님의
리콜 운동
훈련 소개

킹덤 빌더즈 훈련 : 하나님 나라를 세우는 사람들

1. 기름 부으심(요일 2:20)을 통해 영·혼·육의 치료와 자유함을 받고(고후 3:17), 성령의 능력을 받아 포로 된 자와 눌린 자를 자유하게 하며 주의 은혜의 복음을 전파하는(눅 4:18-19) 사역자를 준비시키고 파송한다.

2. 하나님과의 친밀한 교제(시 25:14)를 통해 하나님의 보좌와(계 4:2) 하나님의 심장 박동 듣기를 사모하며(요 13:25), 성령의 계시와 은사로(고전 2:7, 10, 12:8-10) 사람들을 섬기도록 훈련한다.

3. 요셉 축복 – 사업의 기름 부으심(창 41:48)이 마지막 때의 급속한 세계복음화를 위해 하나님께서 그분의 백성에게 예비하신 축복임을 믿고(사 45:3, 60:5, 11, 슥 14:14), 열방을 유업으로 받을(시 2:8) 하나님의 백성을 준비시킨다.

4. 영적 전쟁과 사도적 추수운동(마 9:38)을 위하여 도시와 열방을 위한 중보기도자를 훈련하며(사 62:6), 초대교회적 오중 사역을 통해(엡 4:11) 추수할 일꾼을 준비시키고 파송한다(마 28:19-20).

5. 세계 선교와 하나님 나라 부흥(사 11:9)을 위한 기도와 선교의 연합에 힘쓸 하나님의 사람을(딤전 6:11) 준비시키고 파송한다.

하나님의 음성 듣기 훈련

"내 양은 나의 음성을 들으며 나는 저희를 알며 저희는 나를 따르느니라"
(요 10:27).

성령으로 거듭난 성도는 누구나 하나님의 음성을 들을 수 있다. 우리는 주님과 친밀한 기도 시간을 통해 그분의 음성을 듣는다. 시편 25편 14절에 "여호와의 친밀함이 경외하는 자에게 있음이여 그 언약을 저희에게 보이시리로다"라고 약속하셨다. 자신을 향한 하나님의 음성은 기도 응답과 삶의 목적과 방향에 대한 성령의 인도로 나타나며, 남을 위해 듣는 것은 "덕을 세우며 권면하며 안위하는 것"(고전 14:3)으로서 예언(격려) 사역이 된다.

이 훈련의 목적은 성령의 기름 부으심과 하나님과의 친밀한 교제를 통해 '성령의 직관과 감동, 성령의 내적 음성, 지식의 말씀, 꿈, 환상, 천사의 음성, 귀에 들리는 음성' 등으로 하나님의 음성을 듣고 분별하는 훈련과 기도 사역을 통해 각자의 은사를 활성화시키고 다가오는 부흥의 시대를 위한 사역자로 준비시키는 데 그 목적이 있다.

꿈과 환상의 해석

요엘 선지자가 예언한 마지막 날에 대한 징조로 전 세계적으로 신령한 꿈과 영적 환상들이 쏟아져 내려오고 있다. 성경 전체에는 하나님께서 말씀하신 계시의 한 방편인 꿈과 환상들에 대한 기록으로 가득 차 있다. 이러한 꿈과 환상들은 예언적이며 그것이 이루어졌을 때, 역사가 바뀌어진 것을 볼 수 있다.

본 과정에서는 서구적 이성주의의 영향으로 나타난 꿈과 환상에 대한 부정적 선입견과 오해를 극복하고 주님과의 친밀한 교제를 추구하는 사람들에게 주님께서 그 자신을 알리시고 개인과 시대에 대한 그분의 뜻을 계시하는 방법으로서의 꿈과 환상을 이해하고 해석하는 것을 가르친다. 앞으로 한국 교회에도 본격적인 예언사역시대가 열릴 것이다. 이런 관점에서 꿈과 환상을 성령의 도우심과 훈련을 통해 해석하면 예언사역이 된다. 이 은사를 계발하고 접목해서 개인과 교회와 열방을 섬기는 사역자로 세우는 훈련 과정이다.

1. 서론
2. 하나님의 음성을 듣는 법
3. 꿈으로 말씀하시는 하나님
4. 꿈과 환상의 차이
5. 삶의 목적의 꿈
6. 사명과 은사 부여의 꿈
7. 삶의 방향 지시의 꿈
8. 미래 약속의 꿈
9. 가르치고 진리로 인도하는 꿈
10. 깨닫게 하고 교정하는 꿈
11. 사역의 꿈
12. 치유의 꿈
13. 선포적 꿈
14. 꿈과 환상의 해석과 적용

영적 전쟁과 중보기도 훈련

오늘날 성경이 말하는 이방인의 시대(롬 11:25) 말기에 세계 각처에서 성령님이 주도하시는 폭발적인 하나님 나라 부흥이 일어나고 있다. 이와 때를 같이하여 메시아닉 유대인 부흥의 징조가 본격적으로 시작되고 있다. 최근의 〈Megashift〉라는 선교 자료에 의하면 세계적으로 25분마다 3천여 명이, 하루에 17만 5천여 명이 주님께로 돌아오는 신사도행전적 역사가 일어나고 있다. 하나님의 때, 시대의 때를 분별하는 사람은 자신의 때(인간의 때)를 기다리며 항상 기도하며 깨어있어야 한다(눅 21:36). 나아가서 "우리의 씨름은 혈과 육에 대한 것이 아니요 정사와 권세와 이 어두움의 세상 주관자들과 하늘에 있는 악의 영들에게 대함이라"(엡 6:12)고 한 것처럼 열방구원과 세계선교의 완성을 위해, 선교 사역을 위해 기도하는 수준을 넘어서서 영적 전쟁을 위한 전략적 수준의 전투적 중보기도가 절실히 요구되고 있다. 구하는 자에게 열방과 열방의 재물을 약속하셨으며(시 2:8, 사 60:5), 예수 그리스도의 계시와(마 12:27, 계 1:1), 하나님을 아는 지혜와 계시의 정신(엡 1:17)을 주신다. 이 훈련의 목적은 전략적 중보기도를 통해 영적 전쟁인 선교에 직접 동참하며, 중보기도 사역자들을 양성하고, 열방구원의 마지막 추수 사역자들을 세우고 파송하는 데 있다.

영광학교(Glory School)

하나님의 영광은 그분 존재의 일부이며, 하시는 모든 것을 의미한다. 영광은 하나님께서 인간에게 능하신 일을 보여 주어 그분의 위대하심을 알리는 속성이다. 즉 보이지 않는 하나님의 현시력이다. 이 영광은 무겁고 빛나고 풍부한 위엄의 광채이며, 하나님의 아름다움이다(사 35:2). 모세는 "원하건대 주의 영광을 내게 보이소서"(출 33:18)라고 기도했고, 베드로와 요한과 야고보는 변화산에서 주님의 얼굴에 나타난 하나님의 영광을 보았다(마 17:2).

하나님께서 기뻐하시는 자에게 그분의 영광을 나타내신다. 하나님께서는 그분의 백성이 하나님의 영광에 참예하기를 원하신다(고후 3:18, 4:6). 더욱이 마지막 때에 이 영광이 하나님의 백성에게 부어질 것이며(사 60:1-3, 학 2:9), 큰 흑암이 땅을 덮을 것이나 영광이 더욱 증가하여 결국에는 여호와의 영광이 나타나 모든 육체가 그것을 함께 보게 될 것이다(사 40:5). 이 영광을 사모하고 체험하여 다가오는 도시와 열방 대추수를 위한 부흥과 영광의 문이 되는 훈련 과정이다.

1. 서론 – 하나님의 영광
2. 하나님의 얼굴과 영광을 구함 – 다윗의 장막
3. 찬송과 영광
4. 영광의 영역 경배
5. 하나님의 불과 불세례
6. 그리스도 영광의 소망
7. 영광의 집, 영광의 문
8. 하나님 나라 부흥의 영광

하나님의 리콜(Recall) 운동(하리운 목회자 컨퍼런스 – 영적 회복과 재충전)

20세기 최대 부흥을 이룬 한국 교회는 작금의 세속화와 영적 침체의 영향으로 분열과 쇠락의 국면에 접어들고 있다고 해도 과언이 아니다. 이제 한국 교회는 부흥보다 회복의 기치를 들어야 할 때다. 그리고 교회 회복은 목회자 회복이 우선되어야 하며, 목회자 회복은 거룩함과 능력의 회복을 전제로 이루어져야 한다. 하나님의 리콜 운동은 목회자들을 재소집하여 영적으로 재충전하는데 그 취지가 있다.

한편 교회 회복을 위한 3대 요소는 하나님의 불, 하나님의 영광, 하나님의 능력이다. 이 운동의 목적은 목회자들이 이 시대에 하나님께서 쓰시기에 합당한 거룩함과 능력을 구비하도록 준비시키는 데 있다. 이를 위해 목회자들이 하나님 음성을 듣고 그분과 친교를 맺을 수 있도록 훈련하며, 하나님의 불과 영광을 체험함으로 사역현장에서 나타나는 하나님의 능력이 되도록 하는 데 그 목적이 있다.

1. 부흥을 위한 기름 부으심
   기름 부으심/하나님과의 친교/하나님의 음성 듣기/꿈과 환상/하나님의 불/하나님의 영광
2. 도시와 열방을 위한 부흥의 문
   자아의 죽음/생각의 견고한 진 격파/거룩한 산제사/생명의 성령의 법/기다림과 안식/다스림/궁극적 사명 발견/엘리야의 영/아버지의 마음(하나님의 감동과 사랑)/영광의 문/예표의 사람
3. 부흥을 일으키는 권세와 능력
   다가온 하나님 나라/다윗의 열쇠/사도적 권세와 비전/사도적 믿음과 능력/하나님의 군대를 일으킴/좌우에 날선 검(하나님의 말씀과 성령의 능력)/치유와 예언사역/아홉 가지 은사와 열매/지혜와 계시의 영(일곱 영)

높은 곳에 다니게 하시는 은혜(높다은 사모 및 여성 사역자 세미나)

시편 68편 11절은 "주께서 말씀을 주시니 소식을 공포하는 여자들은 큰 무리라"고 하였다. 창세기 3장 15절의 사탄의 권세를 멸할 인류 구원의 최초 약속이 여자에게 주어졌다. "여자의 후손은 네 머리를 상하게 할 것이요." 이제는 목회자의 아내와 여성 사역자가 마지막 시대 하나님의 비밀병기로 사용될 자신의 정체성을 깨달아야 할 때다. 이를 위해 그들을 짓눌렀던 사탄의 거짓을 파쇄하고 하나님께서 계획하신 본연의 부르심 앞에 서기 위해 높은 곳에 다니게 하시는 은혜를 발견해야 한다.

"주 여호와는 나의 힘이시라 나의 발을 사슴과 같게 하사 나를 나의 높은 곳으로 다니게 하시리로다 이 노래는 지휘하는 사람을 위하여 내 수금에 맞춘 것이니라"(합 3:19).

본 과정은 영적 정체성 발견과 회복, 궁극적 사명 발견을 돕기 위한 것이다.

여호와는 나의 힘/완전한 신뢰와 확신/생명의 길-기쁨과 즐거움/부족함이 없는 은혜/겟세마네에서 부활의 언덕으로/영의 기도, 영의 노래/여성-마지막 때를 위한 하나님의 비밀병기/하나님의 보좌

킹덤 빌더즈 훈련 및 사역

1. 킹덤 빌더즈 훈련
2. 하나님의 음성 듣기 훈련
3. 꿈과 환상의 해석 훈련
4. 중보기도와 영적 전쟁
5. 치유 및 능력 사역 훈련
6. 목회자 리콜 운동(영적 재충전) 컨퍼런스
7. 1박 2일 '오픈 헤븐' 목회자 가족 산상 수련회
8. 사모 및 여성 사역자 높다은 컨퍼런스
9. 어린이 및 주일학교 교사를 위한 은사 사역 훈련
10. 교회와 나라를 위한 지역 연합 기도
11. 민족과 열방 부흥을 위한 각 나라 스타디움 기도회

그 외 요셉 축복–사업의 기름 부으심, 세계 선교와 하나님 나라 부흥, 세미나 및 개교회 부흥과 치유사역을 위한 믿음과 영적 성장, 영적 도약과 상승 집회.

훈련 및 집회 안내
하나님의 리콜 운동

경기도 부천시 소사로 184 302호

홈페이지_ www.hariun.com
유튜브_ 하리운 TV
전자우편_ globaldm2030@yahoo.com